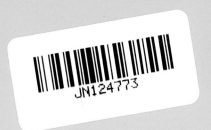

戦国武将
100列伝

新田 純

展望社

はじめに

日本史上、戦国時代と呼ばれるのは、応仁元年（１４６７）の応仁の乱から始って慶長二十年(１６１５)５月の大坂夏の陣が終わって、同年七月に元和と改元され、徳川家康が「元《げん》和《な》偃《えん》武《ぶ》」を宣言した、およそ百五十年のことである。偃武とは戦が止み平和が訪れたという意味である。

「戦国時代」という言葉が一般に使われるようになったのは明治維新以降であり、それ以前は、中国の春秋戦国時代になぞらえて、「戦国の世の如し」などと公家の日記に見られる程度で、むしろ江戸時代では講談などで一般的な「元亀天正の頃」とか「元亀天正の世なれば」という表現が一般的であったという。

応仁の乱は、日本史の教科書でも習ったように、室町幕府八代将軍足利義政の後継をめぐって、これに管領家の畠山氏、斯波氏の家督争いも加わって、細川勝元（東軍）と山名宗全（西軍）の勢力争いに発展、日本中を巻きこんだおよそ十年にわたる大乱である。

戦乱が長く続いたため、京にいて、領地である荘園には赴任しない守護に代わって、領地で力をつけてきた守護代や有力国人たちが台頭、いわゆる下剋上によって実際の支配者となっていった。戦国大名の誕生である。

その代表が美濃の斉藤道三や出雲の尼子持久、そして毛利元就らだが、もちろん薩摩の島津氏や甲斐の武田氏のように守護がそのまま戦国大名となった例もある。そして力をつけた戦国大名たち、上杉謙信、武田信玄、今川義元、北条氏康、毛利元就らが、それぞれ領国の拡大を狙い、やがては京に旗を立てることを目指して戦いを始める。

しかし、やがて彼らより一歩遅れて世に出た織田信長が、桶狭間の戦いで今川義元を討ちとると、武田氏を滅ぼし、軍事だけでなく経済の面でも全く新しい政策をとり、足利将軍家を滅ぼし天下統一に大きく歩み出した。その信長も本能寺に明智光秀によって横死、時代はまた戦乱の世に戻るかと思われたが、信長の志を継いだ豊臣秀吉によって日本は統一される。

そして、ご存知のように秀吉亡きあと日本中の大名を巻き込んだ関ケ原の戦いに勝利した徳川家康の世となる。大坂の陣で豊臣家を滅亡させると、以後、徳川幕府による三百年に渡る泰平の時代が実現された。

この戦いに明け、戦いに暮れた戦国の世の主な武将たちを、東北から九州まで百名を選んでその横顔を紹介したのが本書である。

織田信長、豊臣秀吉、徳川家康を始め、今川義元、斎藤道三など近畿、東海の武将たちの天下取り物語は、多くのドラマや小説などでお馴染みだが、東北の武将、九州の武将たちの血みどろな戦いがあったことは、意外と知られていないのではなかろうか。

ともあれ、令和二年のＮＨＫ大河ドラマは、本能寺の変の主謀者、裏切り者といわれる明智光秀の生涯に題をとった『麒麟がくる』となった。日本歴史上、最大の出来事で、しかもその真相はいまだに闇の中にある「本能寺」の主人公が、いかに描かれるのか、極めて楽しみである。

戦国武将１００列伝●目次

★武将は生年順に掲載しました。
★文中敬称は省略させていただきました。

戦国武将１００列伝

東北編

芦名盛氏
（１５２１～１５８０）

［あしな・もりうじ］
会津黒川城主。伊達氏と並ぶ東国の雄といわれた芦名家を築く。

大永元年（１５２１）芦名家十五代芦名盛舜の子として生まれ、元亀、天正とまさに戦国の世を六十年にわたって生き抜き、陸奥・会津地方から仙道（福島県中通り）までを支配し、芦名中興の祖と呼ばれる。

芦名氏は三浦半島を出目とする豪族で、源頼朝の挙兵に呼応した三浦大介義明の七男佐原義連を家祖とする。平泉の藤原氏攻めの功により義連は会津に所領を得た。この義連から数えて盛氏で十六代。代々会津地方を支配し、〝会津守護〟とまで呼ばれたが、盛氏の時代になると、戦国の群雄割拠の荒波にもまれる。

天文六年（１５３７）、伊達稙宗《たねむね》の娘を正室に迎え、同十年、父から家督を譲られると、翌年には山内氏を討って勢力をさらに拡大。同年に起きた伊達氏の天文の乱では、義父の稙宗に就いたが、途中で敵対する嫡男の伊達晴宗方に寝返り、そのせいもあってか、天文の乱は晴宗方の勝利に終わった。

さらに永禄二年（１５５９）には一万の大軍を率いて仙道まで進出、田村氏を破り、これを支配下におさめ、翌年には佐竹・田村連合軍と戦い、その名を高め、伊達氏と並んで東国の雄と室町幕府の記録に書き留められているほどになる。

一方、内政面でも盛氏は金山の開発に力を入れ、さらに領内の物産の流通にも新しいアイデアを次々に取り入れ、善政を敷いた。

永禄四年、庶兄である氏方の謀反を鎮圧すると、家督を嫡男の盛興に譲って出家。大沼郡の岩崎城に隠居し、止々斉と号した。

さらに盛氏は隠居後も権力を振るい、軍事面はもちろん政治面も掌握し家中を統率する。永禄七年には武田信玄と結んで上杉領である越後に侵攻、その一部を手に入れるなど芦名の名は天下に轟いた。

しかし天正二年（１５７４）、家督を継いだ盛興には男子がおらず、また盛氏は側室を持たなかったので、生まれた男子は盛興ただひとりだったため、仕方なく人質としていた、宿敵二階堂盛義の子盛隆に盛興の死後、その未亡人を娶《めと》らせ、芦名の家督を継がせた。

後見人として政務を執った盛氏は、その後も越後の上杉謙信の死後に起きた御館の乱に乗じて出兵するなど、領土拡大のため積極策を続けた。

しかし、新当主盛隆に反発する重臣間の不和や長年の佐竹氏との抗争による戦費の支出のため、盛氏晩年の芦名家の財政は徐々に逼迫《ひっぱく》していった。

その後、伊達輝宗から次男の小次郎を盛氏の養子にしたいという申し出があり、盛氏も承諾の旨伝えたという記録も残っていて、実際、盛氏没後に輝宗・政宗親子はその約束の履行、つまり小次郎が芦名家の家督を継ぐことを求めたらしい。

しかし、佐竹氏との関係を強めることを望んだ芦名家家臣団はこれに反対、芦名・伊達両家の関係が悪化、これが政宗の代になって伊達が芦名を滅ぼす一因となった。

いまも歴史資料として残っている『会津四家合考』によると、いつの頃かはっきりしないが、武田信玄が「近頃優れた武将は丹後の赤井、江北の浅井、会津の盛氏、それに若手では三河の家康、この四人であろう」と評したという。

南部信直（１５４６～１５９９）

［なんぶ・のぶなお］
南部盛岡藩初代藩主。南部家中興の祖といわれる。

　鎌倉時代から続く北陸奥《きたむつ》の三《さん》戸《のへ》城南部家の二十六代で、南部中興の祖と言われる。のち居城を盛岡に移し、盛岡藩の始祖となった。しかしその生涯は一族間の内紛に明け暮れ、窮地に立つことも限りなかった。

　天文十五年（１５４６）南部家二十二代当主南部政康の次男で猛将として知られた石川高信の長男として生まれる。十九歳の時、二十四代南部晴政に男子がなかったため、その長女の婿となり三戸城に迎えられるが、五年後に晴政に実子鶴千代（晴継）が誕生。信直は次第に晴政から疎まれるようになった。

　さらに悪いことに天正四年（１５７６）、晴政の長女である信直夫人が死去。ここで養父との血縁が切れると、信直はきっぱり養嗣子を辞退して居城の田子城に帰ってしまう。信直の行動に不信を抱いた晴政は、信直暗殺のため刺客を放ったと伝えられている。このため、身の危険を感じた信直は親しくしていた北信愛《きたのぶよし》の剣吉城や八戸《はちのへ》政栄の根城などに身を隠し、ようやく難をのがれたという。

　天正十年二月、晴政が病没、わずか十三歳の晴継が二十五代を継ぐ。しかし晴継は亡父の葬儀の夜、何者かに暗殺されてしまう。ここで南部家中の間で熾烈な家督争いが起きる。

　本命はかつては晴政の養子で長女の婿でもあった信直だった。しかし、これに対抗したのが、九戸《くのへ》家当主九戸政実の弟で、晴政の次女を妻としていた九戸実親を推す一派だった。ただちに同月、一族や重臣が一堂に会して大評定が行われ、ようやく二十六代に信直が決定する。だがこれを不服とする九戸一派と信直の対立はこのあとも続き、世に言う「九戸の乱」に至るのである。

　そして喪主となった信直も晴継の葬儀の夜、またしても暴漢に襲われ、暗殺されそうになる。この暗殺団の正体も晴継のときと同様不明のままだった。

　そして、この南部一族の内紛に乗じるように大浦為信（後の津軽為信）は津軽地方の切り取りに成功していく。

　信直は大浦討伐を九戸政実に命ずるが、信直に遺恨のある政実は動かず、かといって信直が動けば留守中の外敵侵入が気になり、結局、為信の横領を許すにまかせるほかなかった。

　天正十八年、南部信直は小田原征伐に出陣して来た豊臣秀吉に謁見し、所領を安堵してもらう。しかしそれより一ヶ月早く大浦為信が秀吉に謁し、津軽三郡の安堵を得ていたため、津軽は除外された。

　かわりにいまの岩手県南部が与えられ、これが南部氏の居城が三戸から盛岡に移るきっかけになる。

　翌十九年、九戸政実の乱が起きると、信直は秀吉に頼んで豊臣秀次を総大将とする十万人の援軍を得てこれを鎮圧、政実らは処刑され、ようやく内紛は終止符を打った。

　そして文禄元年（１５９２）、朝鮮出兵には千名を率いて参陣するが、朝鮮に渡海せず翌年帰国、盛岡に居城を定め領内の基盤固めに邁進した。

　秀吉が死去すると徳川家康に接近、江戸時代には南部十万石として維新まで続く。これももとはといえば信直の苦心の末に築かれたものである。死の直前、長女にあてた手紙には「ワカメや昆布が食べたい」とあったという。

最上義光

（1546～1614）

［もがみ・よしみつ］
山形藩初代藩主。庄内地方を制覇し、57万石の大大名に。

戦国大名数あるうち、出羽《でわ》（山形県）の最上義光ほど数多くの一族を謀殺した冷血漢はいないかもしれない。美濃の斎藤道三、大和の松永久秀らと並ぶ戦国梟雄《きょうゆう》のひとりである。天童、寒河江、高楡《たかだま》、東根、楯岡、上山などの一族、さらに庄内領主武藤義氏まで謀殺している。

しかし、『会津四家合考』には「武勇は人にすぐれ、なかんずく慈悲深くして諸士を深く労り、たとえば親の子をあわれむ様にこそなし給へ」とあるように、本当は情け深い名将であって、極悪非道の行いは、戦国を生き抜くためには必要なことだったのかも知れない。実際、山形では霞城公園内に見事な義光像が立ち、いまでも英雄視されている。

最上家十一代当主最上義光は天文十五年（1546）、十代義守の嫡男として生まれる。最上氏は清和源氏足利氏の支流で、室町幕府三管領のひとつ斯波氏の分家にあたる名家で、幕府の羽州探題を世襲する家柄であった。

室町時代初期には出羽の大勢力となるが、一族同士の争いが絶え間なく、その間に領土は次々と伊達氏に奪われ、義光が十一代を継いだ時には出羽の中心部わずかの領土となり、伊達氏の支配下となっていた。

しかし天文十一年、伊達家中で当主稙宗と嫡男晴宗との内紛に伴って天文の乱が発生すると、この混乱に乗じて最上は伊達家からの独立を目指す。以降、義守・義光父子は山形城を本拠として周辺の敵を次々と滅ぼしていく。

　そして永禄七年（1564）、義光の妹義姫が伊達輝宗に嫁ぎ、伊達家と婚婚を結ぶが、これがこの後、両家の関係にいろいろ影響を与えることとなる。

　一方、最上家中でも当主の義守と嫡男義光の間が険悪となり、天正二年（1574）、伊達輝宗が岳父義守救援の名目で最上領に出兵、近隣の武将たちも輝宗に同調するが、義光はこの難局を巧みに乗り切り、有利のうちに和議にもちこみ、伊達家からの完全独立を達成した。

　家督をめぐる争いには勝利したものの、天童氏を盟主とする最上八楯と呼ばれる支族は義光に従わなかったため、義光は謀略を用い、これらを次々と滅ぼしていく。天正十八年、豊臣秀吉の小田原征伐が始まると、義光は宇都宮城で秀吉に拝謁、村山・最上両郡二十万石を安堵してもらう。

　家督争いで父親から愛情を受けなかった分、義光は伊達に嫁いだ妹義姫や自身の娘駒姫には特別の愛情を注いだという。

　特に駒姫は目に入れても痛くないほどだったが、彼女の美貌に目を付けたのが関白秀次だった。側室に差し出すよう執拗に迫られた義光は、最上家の安泰を考え、しぶしぶ差し出したが、秀次謀反事件の折、義光の嘆願もむなしく駒姫は処刑されてしまう。わずか十五歳だった。

　秀吉の死後、関ケ原の戦いで義光が進んで徳川家康に味方したのは、豊臣家へのこの恨みからという説もある。

　義光は関ケ原には参陣しなかったが、東北で上杉軍を撃退した功により、いまの山形県全土五十七万石を家康からもらい、東日本有数の大大名となるが、元和八年（1622）、家中の騒動を理由に最上家は改易となった。義光の死後わずか九年後のことである。

津軽為信（1550〜1607）

［つがる・ためのぶ］
弘前藩初代藩主。南部氏の臣下であったが南部の内紛を機に独立。

名将か、極悪非道な奸将か、津軽為信ほど評価の分かれる人物は珍しい。もともと南部氏の領土だった津軽を為信が横領したせいである。津軽では「英雄」であり、神格化さえされているが、隣接する南部では宗家に反逆して策謀をめぐらし、領土を横領し、独立を勝ち取った逆賊とみられている。

為信の出目にも様々な伝承があり、南部氏の支族であった久慈氏の出とも、大浦守信の子ともいわれるが定かでない。これも津軽側の資料と南部側の資料との間に記述に食い違いがあるためだが、どちらにしても南部の一族あるいはそれに近い関係で、為信は大浦氏を名のり、南部氏の臣下であったことは間違いない。

のちの弘前藩の官撰史書である『津軽一統志』によると、元亀二年（1571）、独立の兵を挙げ、自らの居城堀越城から二キロしか離れていなかった石川大仏ヶ鼻城を奇襲、城主の石川高信を自害に追い込んだ。高信は、南部家当主である晴政の叔父にあたる。

南部信直の項でも述べた通り、当時晴政は、高信の実子であり長女の婿で養嗣子でもあった信直と争っている最中であり、黙認せざるを得なかった。それどころか晴政は石川家を弱体化させるため、為信をそそのかしたという説もある。いずれにしてもこれによって津軽三郡は大浦為信のものとなった。

一方、南部側の資料によると全く別の話になる。石川高信は天正九年（１５８１）、大仏ヶ鼻城で天寿を全うし、次男の政信があとを継ぐが、その政信の重臣として為信は仕えていたという。そして津軽横領のため為信が挙兵するのは天正十八年となる。政信を毒殺し、津軽横領の軍を進めたという。

　この食い違いは、双方とも自分を有利にする資料を作ったためだが、いずれにしても南部側にとっては、津軽をかすめ取られたことは相違なく、為信こそ悪辣きわまりない人非人という事になる。

　そんな為信の非情な一面は、津軽側の史書にも散見されるので、「英雄」ではないかも知れないが、下《げ》剋上《こくじょう》が当たり前の戦国を生き抜く武将にとっては当然必要だったのだろう。

　また為信は外交にも力を入れ、南部家からの独立を安堵してもらうため、早くから天下人となった秀吉に近づいている。

　そして天正十八年、秀吉の小田原征伐の際に家臣十八騎を引き連れて参陣、秀吉から南部家からの独立と津軽地方の支配を認めてもらった。これは鷹狩りを好んだ秀吉に津軽特産の鷹を献上したためといわれている。これを機に為信は名を大浦から津軽に改めている。

　秀吉の死のあと、慶長五年（１６００）の関ヶ原の合戦では、三男信枚を連れて東軍に参加する一方、嫡男信建は豊臣秀頼の小姓として大阪城にあり、西軍が壊滅すると石田三成の子重成らをつれて帰国している。このあたり、信濃の真田氏同様、両軍どちらが勝っても生き残れる策を狙ったのかもしれない。

　慶長十二年、病を得た信建を見舞うため為信は上洛するが、到着前に信建は病死。その二か月後、自らも京都で死去した。享年五十八。

　ちなみに、いまの上皇の弟の常陸宮の妃殿下華子さまは、津軽家十四代義孝の四女である。

片倉小十郎（1557〜1615）

［かたくら・こじゅうろう］仙台伊達藩家老。つねに伊達政宗の側にあって、独眼竜の右腕といわれた。

「政宗のかたわら、常に小十郎あり」と謳われた奥州の覇者伊達政宗の名参謀。「智の片倉小十郎、武の伊達成実《しげざね》」といわれたが、小十郎は政治面だけでなく武にもすぐれ、幼少期の政宗の剣術指南も務めたたという。まさに智勇兼ね備えた名将といっていい。伊達家の対外交渉を一手に引き受け、政宗の発給した文書のほとんどに小十郎の添え状があった。

　片倉小十郎の小十郎は片倉家当主が代々名のった名だが、単に片倉小十郎といえば初代の片倉景綱を指すことが多い

　弘治三年（1557）、米沢の成島八幡宮の神職片倉景重の次男として生まれた。政宗の乳《う》母《ば》の喜多は異父姉にあたる。当時の伊達家当主の輝宗に見出され小姓として出仕。十九歳の時、遠藤基信の推挙により、当時九歳の政宗の側近に抜擢される。以降、常に政宗のそばにあり、その偉業達成に貢献した。

　政宗は幼少の頃、疱瘡《ほうそう》を患って右目を失明、眼球も飛び出していたため、容貌に劣等感を抱いていた。小十郎はその政宗の眼球を小刀で抉《えぐ》りだしたといわれるが、真偽のほどははっきりしない。いずれにしてもこれを契機として政宗は活発な少年となり、家中の要《かなめ》として成長していく。

　政宗の初陣《ういじん》（相馬氏との戦い）の日、深追いしすぎて敵兵に囲まれてしまうと、そばにいた小十郎は機転を利かせ、「伊達政

宗これにあり」と大音声をあげて敵を自分にひきつけておいて政宗の窮地を救うという活躍を見せる。

　当時、奥州は群雄割拠で争乱が絶えなかった。輝宗が隠居し政宗が当主となると、小十郎は軍師として重用され、奥州平定のため大車輪の働きをする。

　天正十三年（１５８５）、芦名・佐竹連合軍と戦った人取橋の戦いでは、この戦いの元凶だった二本松の畠山義継によって輝宗は殺害されてしまう。そのため、いよいよ政宗と小十郎は伊達家の生き残りを賭けてその手腕を試されることとなった。

　翌十四年の二本松攻略、十六年の大崎合戦、その最中の安達、安積の反乱など、小十郎は迅速に四方にとび、この危機を乗り切る。天正十八年、最大のライバル会津黒川城の芦名氏との摺《すり》上原《あげはら》の戦いでは先陣を務め、武勲を挙げた。この戦いで芦名氏を滅亡に追い込むと、ようやく伊達氏による奥州南部の統一が実現する。

　しかしこの天正十八年、伊達家存亡の危機が訪れる。豊臣秀吉から小田原征伐への参陣を求められると、伊達家中は二つに割れた。参陣すれば秀吉に屈したことになり、参陣しなければ反逆と見なされ秀吉の大軍を迎え討たなければならない。議論が紛糾する中、小十郎は冷静に時の動きを見極め、北条氏との同盟を破棄しても政宗参陣を促す。だが秀吉は、要請してから数か月も経過していたため政宗との面会を許さない。そこで小十郎は奇策を政宗に授ける。

　政宗は白装束で秀吉に面会、「死ぬ覚悟で参上」と見せつけたのだ。秀吉もこれには失笑し、政宗の遅参をゆるしたことはよく知られた挿話である。

　小十郎の才を見抜いた秀吉は五万石で召し抱えようとするが、小十郎は政宗への忠義を理由に断ったと言われる。政宗あっての小十郎、小十郎あっての政宗だった。

伊達政宗（１５６７～１６３６）

［だて・まさむね］
初代仙台藩主。奥州の覇者となるが、小田原征伐を機に豊臣秀吉に臣従。

源頼朝から奥州伊達郡を拝受したことに由来する伊達家は、奥州きっての名門。その十七代当主で、隻眼ゆえ「独眼竜」と恐れられたのが、「遅れてきた天下取り」伊達政宗である。

実際、天下を統一した豊臣秀吉より三十歳も下の政宗だったから、秀吉と同じ頃に生まれていたら、いち早く奥州を統一し、さらに関東に軍を進め京に攻め入れば、あるいは天下取りも夢ではなかったかもしれない。それほど政宗は野望に満ちた男だった。

永禄十年（１５６７）、出羽の国米沢城で、伊達家十六代伊達輝宗の嫡男として生まれた。母は最上義光の妹義姫である。幼名は梵天丸。昭和六十二年（１９８７）のＮＨＫ大河ドラマ『独眼竜政宗』や人気ゲーム『戦国ＢＡＳＡＲＡ』などでこの政宗の幼名をご存知の方は多いだろう。ちなみに『独眼竜政宗』（渡辺謙主演）は最高視聴率47．８％でいまだに大河史上トップを誇っている。

天正五年（１５７７）、元服して伊達藤次郎政宗と名のる。「政宗」は伊達家中興の祖といわれた第九代当主大膳大夫政宗にあやかって父輝宗が付けたと言われる。いかに政宗が期待されていたかがわかる。

翌々年、わずか十三歳の時、三春城主田村清顕の娘、当時十二歳の愛姫《めごひめ》を正室に迎えた。政宗には少なくとも七人の側室がいたが、愛姫とは生涯仲睦じかったと言われる。

　天正九年、隣接する相馬氏との闘いで初陣を飾り、以降父の代理として田村氏や芦名氏との外交を担当、その聡明な頭脳はいち早く家臣たちに注目され始めた。天正十二年、父輝宗の隠居に伴い家督を相続し、伊達家十七代の当主となる。若干十七歳であった。

　ところが翌天正十三年、政宗が鷹狩りで留守中に、父輝宗が二本松城主畠山義継に拉致され、追跡して来た政宗との乱闘の中、殺されてしまう。初七日の法要を済ますと、政宗は弔い合戦と称して二本松城を包囲、二本松の救援に駆け付けた佐竹軍三万と激突。殿《しんがり》を務めた老臣鬼庭左月斎の捨て身の防戦で辛うじて退却する。人取橋の戦いである。

　さらに政宗は大崎合戦、郡山合戦と戦い続け、天正十七年、磐梯山麓での摺上原の戦いでは二万三千の大軍を動員し、ついに芦名氏を討ち破り、現在の福島県の中通りと会津、山形県の置賜地方、宮城県の南部と、広大な奥州五十四郡のほぼ南半分を手に入れた。家督を継いでわずか六年の間であった。

　この頃、四国、九州を平定した豊臣秀吉はついに最後の小田原征伐に乗り出す。参陣を催促された政宗は、父輝宗の時代から小田原の北条氏とは同盟関係にあったため、直前まで迷っていたという。青年武将らしい野望に燃えた政宗であったが、時代の波には勝てぬという片倉小十郎ら重臣の意見に従い、参陣の遅れを詫びるため死を覚悟の白装束で秀吉の前に現われる。

　さすがの秀吉もこれには唖然とし、会津領は没収したものの伊達家の本領七十二万石は安堵したと言われる。

　この後も政宗の領土拡大の夢は果てしなく続き、天正十九年、政宗は蒲生氏郷とともに葛西・大崎一揆を平定するが、政宗自身が一揆を扇動していたことが露見。秀吉から喚問された政宗は金箔を貼った磔《はりつけ》柱を押し立てて覚悟の上で上洛する。

その罪は許されたが、米沢七十二万石から岩出山城五十八万石に減封される。しかし秀吉は政宗の稚気と胆力を愛したのだろう、羽柴の姓を与えた。以後、政宗は岩出山城が大崎氏領であったことから羽柴大崎侍従と称したという。

文禄二年（１５９３）、秀吉の朝鮮侵略が始まる。従軍時の伊達家の装束は豪華絢爛《ごうかけんらん》、数は三千人にも及び、都《みやこ》中の話題をさらった。以降、派手な衣裳を好む人を「伊達者」と呼ぶようになったという。

秀吉の死後、私婚を禁じた秀吉の遺言を破り、政宗は長女五《い》郎《ろ》八《は》姫を五大老の筆頭徳川家康の六男松平忠輝に嫁がせる。そしてこれら家康の専横ぶりに秀吉子飼いの石田三成は糾弾に乗り出すが、加藤清正、福島正則など同じ子飼いでも武断派と呼ばれる人々が家康側に就き、やがて天下分け目の関ケ原へと続いていく。

慶長五年（１６００）、三成はついに家康打倒の兵を上げた。これに呼応するように奥州では会津の上杉勢が直江兼続に率いられて最上領に侵入。東軍（徳川側）に属していた政宗は最上救援のため三千の兵を派遣する。互角といわれた関ケ原の戦いは、小早川秀秋の寝返りによってたった一日で徳川方の勝利に終わり、天下は家康のものとなった。

関ケ原のあと、政宗は家康の許可を得て、慶長六年、居城を仙台に移し、ここに政宗を藩祖とする仙台藩六十二万石が誕生する。この石高は当時、加賀・前田家、薩摩・島津家に次ぐ日本三位であった。

徳川時代に入り有数の大名となった政宗だったが、その類《たぐい》まれな器量と野望は、次は海外へと向けられる。

慶長十五年、神父ソテロと会見、領内でのキリスト教の布教を許し、教会も建てさせた。そして三年後の慶長十八年、建造なったサン・ファン・バウティスタ号で家臣支倉《はせくら》常長をメキシコ、スペインを経由してローマに向かわせる。常長は二年後の元和元年（１６１５）、ついにローマ法皇に謁見し、政宗の親書を手渡す。そこには奥州王伊達政宗の署名があったという。政宗の壮大な気宇がわかる。

　しかし、この政宗の海外の夢も、徳川幕府がキリシタン弾圧を行い、鎖国政策を取ったため、文字通り夢と消えてしまった。というのが歴史の通説であるが、一方、政宗の「慶長遣欧使節団」は徳川幕府転覆計画の下準備だったという異説もある。

　政宗の計画では、フランシスコ派の神父ソテロを仲介役とし、スペインのフィリペ三世と同盟を結び、スペイン艦隊の援護のもと、幕府転覆のクーデターを起こし、娘婿の越後高田城主松平忠輝を首班とする新政権を樹立、自身は大御所として日本を支配するという、これこそ政宗ならではの夢のような話である。

　もちろんこの壮大な夢を支えていたのは奥州の金をはじめ、製鉄技術、大規模な新田開発など、幕府に匹敵するほどの経済的な基盤があったからであろう。幕府軍との決戦に備えた作戦の立案までしていたという。

　ともあれ、数ある戦国武将のうち、家康、秀忠、家光と三代の将軍に仕えた大名は政宗ひとりである。とくに家光は政宗への信頼が厚く、その死の三日前には自ら見舞いに訪れている。

　寛永十三年（１６３６）死去。享年七十。亡くなると江戸で七日、京で三日の間、殺生や遊興は禁止されたという。

　また政宗は武だけでなく文にも優れ、多くの漢詩や和歌を残している。

　作家司馬遼太郎もその著書の中で、これらは、「歴史上高名な武将のものとしては中国の魏の曹操にも比肩すべき」と絶賛している。

秋田実季（1576～1660）

［あきた・さねすえ］
出羽湊城主。関ケ原出陣のいざこざで常陸宍戸に転封。

秋田（安東）氏は、奥州の名門である。いまから千年以上も前、前九年の役で活躍した安倍貞任《さだとう》を祖とする。

天正十五年（1587）、父愛季の死去により秋田実季は檜山（秋田県能代市）の城主となった。都では豊臣秀吉が、ようやく九州平定を終え、天下に君臨し始めた頃だったが、奥州はまだ群雄割拠の時代が続いていた。実季の前半生もまたそんな弱肉強食の抗争をくぐりぬけた歳月であった。

安東氏は鎌倉時代にあっては津軽の十三湊《とさみなと》（青森県五所川原市）を本拠として勢力を広げ、日本海交易で富を築き、蝦夷管領を名のったほどだった。しかし、室町時代になると一族の間に抗争が起こり、南下し秋田郡に拠った上国家と津軽に留まった下国家に分かれてしまうが、やがて津軽の下国家も南部氏に押され、津軽を追われ、出羽の米代川河口部（秋田県能代市）に移った。

こんな事情で戦国時代初期の安東氏は、上国家の湊安東氏と檜山城を本拠とする下国家の檜山安東氏に分裂していたが、やがて実季の父、下国家の安東愛季によって統合を果たす。そして男鹿半島の脇本城（男鹿市）に居城を移し、安東氏の全盛期を築き上げる。

父の死後、わずか十二歳で実季が家督を相続するが、この継承に不満を持った従兄《いとこ》の上国家の安東通季が反乱を起こす。湊合戦である。この戦いは南部氏や津軽氏の祖となる大浦為信なども巻き込んで北奥州全域に及ぶ大乱となった。

天正十八年（１５９０）、天下を統一した豊臣秀吉によって奥州仕置がなされるが、湊合戦は秀吉の惣無事令違反とみなされ問題となったが、実季の中央工作も功をなし、所領七万八千石のうち約五万二千石の安堵が認められ、安東氏の危機は回避された。

奥州仕置のあと、実季は雄物川河口にあらためて平城として湊城を築き、ここを本拠とし、秋田城介を号して、初めて秋田氏を名のる。また大館城など要地各所に一族を配し、安定した領国経営を目指した。

秀吉の死後、関ケ原の戦いとなるが、これに先立ち最上義光に上杉景勝掃討の命が下され、北出羽の諸将にも最上への助力の命令が出された。

この時、実季は病気と称して出陣せず、代わりに軍勢二千六百あまりを一族の安東平之丞につけて山形に派遣するが、上方で石田三成挙兵の一報が入ると直ちに帰陣を命じた。戦後、最上義光はこのことを秋田実季に二心ありと家康に訴え出た。

これに対し実季は苦しい弁明をし、一応は嫌疑を晴らすことに成功するが、二年後、家康の命により常陸宍戸《ひたち》（茨城県笠間市）五万石に転封させられる。さらに実季は突如、伊勢朝熊に蟄居を命じられた。戦国大名らしい気骨あふれる実季の性格に家康が危惧を抱いたともいわれる。以後三十年にわたり実季は伊勢朝熊の永松寺の草庵での蟄居を余儀なくされた。万治二年（１６６０）、同地にて死去、享年八十五。

その一方で秋田氏は実季の嫡子俊季の母が二代将軍秀忠の正室江《ごう》の従姉妹にあたることもあって家督相続が認められ、正保二年（１６４５）、陸奥三春五万五千石へ移封、以後幕末まで続いた。

関東編

北条早雲
（1432〜1519）

［ほうじょう・そううん］
小田原北条家の初代。その出自にも謎が多いが、戦国大名の先駆けといわれる。

従来の通説では、北条早雲は一介の素浪人から権謀術数を尽くし一国の主に成りあがった下剋上の嚆矢《こうし》といわれていた。しかし近年の研究では室町幕府の政所執事を務めた名族伊勢氏が出目とされる。いずれにしても早雲の前半生は謎の部分が多い。北条氏を名のるのも二代氏綱からであり、早雲は終生、伊勢新九郎盛時であった。

早雲の父伊勢盛定は、室町八代将軍足利義政の申次衆として重要な地位にいたことも近年明らかになっている。応仁元年（1467）、応仁の乱が起こると駿河守護今川義忠も上洛して東軍に加わった。その際の世話を盛定が務めている。この縁で早雲の妹の北川殿が義忠に嫁いだと推定される。また、北川殿は側室といわれていたが、伊勢氏は今川氏と家格的に遜色なく、近年は正室であったと見られている。そして北川殿は嫡男龍王丸（後の氏親）を生む。

しかし、義忠は文明八年（1476）、遠江の塩買坂の戦いで西軍の襲撃を受けて討ち死してしまう。残された龍王丸は幼少であり、家中には一族の小鹿範満を立てる動きもあった。北川殿の兄であった早雲は駿河へ下り、双方の調停に乗り出し、龍王丸が成人するまで範満を家督代行とすることで決着させた。

この見事な知略により一躍、早雲の名は世に知られることになった。ところが龍王丸が十五

続け
（1480）、扇
日野城を道灌に攻め落と
文明十四年、古河公方足利成氏と両上杉家の間で和議が成立、享徳の乱はようやく終わりを告げた。

この道灌の東奔西走の活躍により、扇谷上杉定正は、家格としては上位の関東管領山内上杉顕定と肩を並べるまでになった。当然、顕定も扇谷の隆盛に強いあせりを感じ始め、再び両上杉の不和がささやかれ始める。

し
に、
るの
家
する声
道灌排除に傾いて

『関東管領記』によれば、上杉顕定が定正に、「上杉両家の不和の原因は道灌と長尾景春のせいである。道灌をあなたが殺せば景春を私が討つ。そして協力して関東を治めよう」とささやいたと言われる。

文明十八年、道灌は主君上杉定正の招きに、喜んで糟屋（伊勢原市）の上杉館に出向いた。そして定正のすすめで一風呂浴びたところを曽我兵庫に襲われ、斬り殺される。扇谷家はもちろん山内家にも何の異心も抱いていなかった道灌にとっては全く青天の霹靂《へきれき》だったろう。享年五十五、惜しまれる死であった。

道灌の暗殺により扇谷上杉家についていた多くの家臣が山内家に走った。そして翌長享元年（1487）、両上杉は再び決裂し、やがて関東に進出した北条氏によって扇谷家は滅亡となり、関東を追われた山内家は越後の長尾景虎を頼り、関東管領職と上杉の名跡を譲る。上杉謙信の誕生である。

範満は家督を戻[illegible]なかった。早雲は再び駿河へ下り[illegible]起こし範満[illegible]元服して氏親を名のり、正式に今川家の当主となった。そして早雲はその功により伊豆との国境に近い興国寺城（沼津市）を拝領する。

当時、関東では管領山内《やまのうち》上杉顕定と扇谷《おうぎがやつ》上杉定正が繰り返し戦っていたため、[illegible]から新たに鎌倉公方《くぼう》に任命された足利政知《まさとも》は鎌倉に入ることが出来ず、伊豆の堀越（伊豆の国市）にとどまり、堀越公方と称していた。伊豆侵攻の野心を抱く早雲は、まずこれに目を付ける。

延徳三年（1491）、足利政知が没すると、政知の息子茶々丸の専横ぶりから公方家に内紛の兆しが見え始める。伊豆の武士たちはほとんど山内上杉に動員され、上野《こうずけ》（群馬県）に出陣していたのをチャンスと見た早雲は、わずか五百人の兵を引き連れ清水から駿河湾を渡って西伊豆に上陸、堀越公方館に火を放ち茶々丸を自害に追い込み、またたくうちに伊豆一国を切り従えてしまった。そして韮山城を居城とし、さらに相模の小田原城を標的に定める。

早雲は城主の大森藤頼にたびたび進物を贈り親密な関係を築き上げると、ある日、箱根山での鹿狩りのため大森領内に勢子《せこ》を入れさせて欲しいと願い出た。藤頼が快諾すると早速、早雲は屈強の兵を勢子に扮装させ箱根山中に潜ませる。

明応四年（1495）、夜陰に乗じて、千頭の牛の角に松明を灯した早雲の兵が小田原城へ迫り、一斉に鬨《とき》をつくり、法螺《ほら》貝を吹き鳴らすと、数万の兵が押し寄せたと城内は大混乱となり「敵は何十万やあらん」（『北条記』）と藤頼は命からがら脱出したという。

早雲は奪った小田原城を拠点として以降も領国拡大に努め、その野望は氏綱、氏康、氏政へと引き継がれて行った。

里見義堯
（1507〜1574）

［さとみ・よしたか］
安房と西上総を領有した戦国武将。「南総里見八犬伝」のモデルとしても有名。

戦国時代、安房《あわ》の国（千葉県）に君臨した里見家のルーツは、八幡太郎源義家の孫、新田（源）義重の子義俊を祖とする新田氏である。また、江戸時代のベストセラー、滝沢（曲亭）馬琴の「南総里見八犬伝」のモデルとしても知られている。

里見義堯はその里見家五代の当主。父は里見実堯、母は佐久間盛氏の娘。越後の上杉謙信、常陸の佐竹義重らと同盟を結び、小田原の北条氏と関東の覇権をめぐって生涯戦い続けた。そして里見家の勢力は房総半島全域に及び、義堯は里見氏の全盛期を築き上げた。

義堯自らの「堯」と息子の義舜に付けた「舜」は「堯舜の世」と謳われた中国古代の名君、堯と舜からとったもので、義堯がいかに善政を施そうとしたかが垣間見られる。実際、義堯の人となりは敵方の資料『北条五代記』にも「仁者必ず勇あり」と絶賛されている。

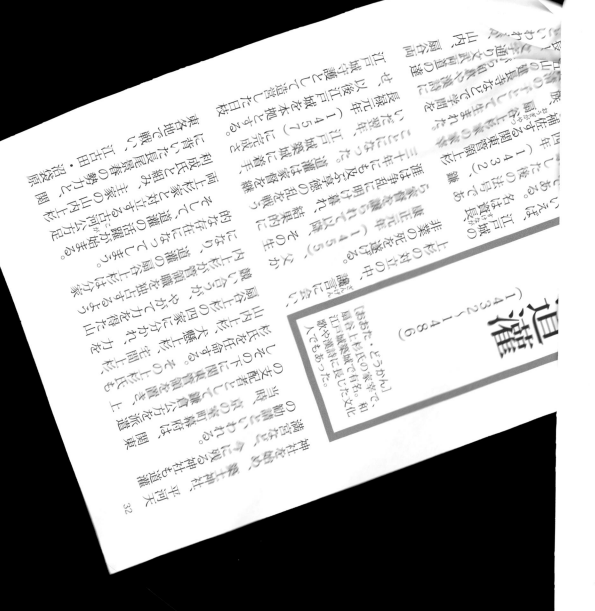

しかし、当時は戦国の世、義堯も年少期から戦いに明け暮れなければならなかった。まず、まだ二十代の天文二年（1533）、里見家中で内紛が勃発。北条氏と通じていた父実堯が従兄の本家当主里見義豊に殺害されてしまう。義堯はただちに北条氏綱の助けを借りて挙兵し、義豊を討ち、当主の座を奪った。世にいう犬掛の戦いである。

しかし、すぐに同族の真里谷氏の家督をめぐる抗争が起こると義堯は今度は氏綱と敵対関係になってしまう。このため義豊を討ったクーデターも、義堯が家督を継ぐや北条を裏切ったことを隠蔽するために後年に捏造されたものと考えられる。

だが、義堯は単独で北条に挑むことはしなかった。当時、下総では古河公方足利政氏の次男義明が小弓《おゆみ》（千葉市）を本拠とし勢力を振るっていた。義堯は、兄高基の子晴氏に代わって古河公方に就いて関東一円を支配しようという野望を持っていたこの義明と組み、天文七年、軍勢を合わせて国府台《こうのだい》に出陣する。第一次国府台合戦である。

義堯・義明連合軍は氏綱・氏康父子の率いる北条軍と国府台を目指して激突するが、大将の足利義明はあっけなく討ち取られてしまう。義堯は自軍がわずか五十騎になるまで戦ったが、安房に撤退。幸い北条軍は安房国内の里見軍の反攻を警戒し、深追いはしてこなかった。

しかも義明の死は義堯にとって関東中央部へ進出する好機となった。味方になってくれた下《しも》総《うさ》や上総《かずさ》を支配下に収め、上総の久留里城（君津市）を本拠とする。そして里見氏の最盛期を築き上げたのである。

永禄三年（１５６０）、満を持して北条氏康が里見領に侵攻し、久留里城を大軍によって包囲した。義堯は籠城して抗戦、やがて同盟を結んでいた上杉謙信の援軍が到着すると北条軍は退去。義堯はただちに反攻に転じ、上総西部のほとんどを取り返してしまう。

永禄五年になると義堯は出家し、家督を嫡男義弘に譲って隠居するが、天正二年（１５７４）に死去するまで、相変わらず実権は握り続けていた。

義堯が自国より強大な北条と争い続けることが出来たのは、ゲリラ戦に長《た》けた水軍を持っていたからであろう。三浦半島の村々では里見の略奪を恐れて、年貢の半分を北条へ、残りの半分は里見へ収めることで安全を保証してもらったという。

北条氏康（１５１５～１５７１）

［ほうじょう・うじやす］
小田原北条家の三代目。上杉・武田の侵攻を防ぎ、関東随一の勢力を誇った。

相模《さがみ》の国（神奈川県）小田原を本拠とする北条家三代目当主。永正十二年（１５１５）、二代氏綱の嫡男として生まれる。山内・扇谷の両上杉勢を関東から追放し、武田氏、今川氏そして上杉謙信相手に戦いと同盟を繰り返し、関東一円に領土を拡大、隠居後も含めて三十年以上にわたって北条氏を率いてその全盛期を築き上げた。

享禄三年（１５３０）、十五歳で小沢原の戦いで初陣を飾り、天文七年（１５３８）、第一次国府台の戦いでは父とともに足利・里見連合軍と戦い、敵の総大将足利義明を討ち取るという大勝利を収める。

天文十四年、北条氏綱に奪われた東駿河を奪還すべく今川義元が、関東管領山内上杉憲政、扇谷上杉朝定らと連携し挙兵。北条方は窮地に陥るが、武田信玄の調停で東駿河の河東地域を今川に割譲することで和睦、危機を脱した。

一方、関東では勢いに乗った両上杉が北条と同盟していた古河公方足利晴氏まで味方につけて河越城を包囲、およそ八万の大軍であった。これに対する北条軍はわずか一万、圧倒的な劣勢だった。知恵を絞った氏康は、これまで奪った領土はお返しする、という虚偽の手紙を敵に送り、油断させると、翌天文十五年、畿内の北条綱成と連携し、連合軍に夜襲をかけ勝利を収める（河越野戦）。上杉朝定は戦死、扇谷上杉氏はついに滅亡する。

上杉憲政は上野（群馬県）に遁走し、この勝利によって、氏康は関東における主導権を握ることとなった。

　しかし、和睦となったとはいえ今川氏との関係は依然緊迫した状況が続いたが、天文二十三年、今川の重臣であった太原雪斎の仲介により、氏康の娘を今川義元の嫡男氏真に嫁がせ、武田信玄の娘を氏康の嫡男氏政の正室に迎えることで甲斐、相模、駿河の三国同盟が実現する。これによって背後からの駿河の脅威がなくなり、氏康は関東での戦いに専念することが出来るようになった。

　そして、永禄三年（１５６０）五月、「海道一の弓取り」と謳われた今川義元が桶狭間の戦いで若き織田信長に討ち取られるという大事件が起きる。以降、今川氏の勢力は一気に衰退に向かう。

　そしてその機に乗じて越後の上杉謙信の関東への侵攻が始まった。同年、上杉憲政を奉じ、八千の軍勢を率いて三国峠を越えた謙信は、途中次々と諸城を攻略、最終的には十余万にふくれ上がった連合軍で小田原城を包囲した。しかし氏康と同盟を結ぶ信玄が、川中島に海津城を完成させ北信濃の支配を拡大、謙信を牽制したため、やむなく謙信は越後に引き上げる。

　さらに永禄七年には謙信と結ぶ里見義堯・義弘父子と上総《かずさ》の支配をめぐり対陣（第二次国府台合戦）、二万の北条軍に対し八千の里見勢は力戦するが、夜半に氏康の奇襲に遭い、敗走。北条方の勝利に終わった。

　永禄十一年には、義元没後の今川氏に見切りをつけた信玄が三国同盟を破り駿河に侵攻、北条は娘婿の氏真を支援するため出兵、武田軍と対峙、甲相同盟も破綻した。数々の戦いを指揮した氏康だったが、元亀二年（１５７１）、五十七歳で小田原城において死去。

　遺言は「信玄と同盟を結べ」だったという。

北条氏政（1538〜1590）

[ほうじょう・うじまさ]
北条家の四代目。豊臣秀吉の小田原征伐に敗れ、切腹。北条は子の氏真の五代で滅亡。

小田原北条家四代の当主。正室は武田信玄の娘黄梅院である。自らの力を過信し、天下を統一した豊臣秀吉に反抗、天正十八年（1590）、二十万余の大軍で小田原城を包囲される。籠城すること三ヶ月、関東各地の支城を攻略され、小田原に孤立した氏政と嫡男氏直はついに開城。氏政は弟氏照とともに切腹、早雲から氏直まで続いた関東の覇者北条氏は五代にして滅んだ。

氏政は天文七年（1538）、北条氏康の次男として誕生、兄新九郎が夭折したため世子となり氏政を名のる。氏政には二度汁かけの有名な逸話が残っている。食事の際に、一度飯にかけた汁が少なかったのでもう一度汁をかけ足した。これを見た父の氏康が「毎日食べている飯なのに、汁の量も分からんとは愚かなことよ。これで北条家も終わりか」と嘆いたという。

事実その通り、北条氏は滅亡してしまうのだが、世に言われるように氏政は凡庸《ぼんよう》だったのだろうか。世の流れを読めず、秀吉の能力を過小評価し、さらに自分の背後には同盟を結んでいる徳川家康と伊達政宗がいるという過信が、北条氏滅亡を招いたわけだが、父氏康の遺言通り武田と同盟を結び、上杉と対陣して互角に戦い、天正十三年頃の北条氏の領国は、相模、伊豆を本拠として武蔵、下総、上総、上野《こうづけ》から常陸《ひたち》、下野《しもつけ》、駿河の一部に及ぶ二百四十万石に達し、氏政の代で北条氏最大の版図を築き上げたこととなる。決して愚物ではなかったと言っていい。

　父氏康が存命中は、父とともに上杉謙信との小田原城の戦い、里見義尭・義弘父子との第二次国府台合戦、三船山の戦いなど、関東の諸氏相手に数々の戦陣をくぐり抜けてきた。

　元亀二年（１５７１）、父が病没すると、氏政はその遺言に従い、武田信玄との同盟を復活、翌年の信玄の上洛の際には二千余の兵士を武田軍に送り、徳川家康との三方ヶ原の戦いに大いに戦功をあげている。

　そして謙信との戦いが再び始まるが、当時謙信の関心は越《えつ》中《ちゅう》、能登に向いていて、北条との大決戦には至らなかった。天正六年、謙信が急死すると、跡目をめぐって甥景勝と養子の氏政の弟景虎の間で戦闘が起こる。御館《おたて》の乱である。

　氏政は弟景虎を助けるため弟の氏照らを越後に派遣、自らも上野の厩橋《うまやばし》（前橋市）まで出陣。しかし戦いは景勝側の勝利に終わり、景虎が自害する。そして長篠の戦いで天正三年、織田・徳川軍に大敗した武田氏は同十年、天目山の戦いで武田勝頼が自刃し、甲斐の名門武田家も滅亡する。さらに同年、本能寺の変で明智光秀に織田信長が討たれ、時代は大きく動く。

　逆賊明智を敗った豊臣秀吉は、織田の重臣たちを懐柔し、天下統一へと歩を進めた。四国一円を切り取る勢いの長宗我部氏を臣従させ、九州で島津氏を敗った秀吉はいよいよ小田原征伐へと乗り出す。

　幾度となく秀吉は氏政に上洛し臣従することを勧めるが、実行しない氏政の姿勢に業を煮やした秀吉は、ついに天正十七年十二月、諸大名に北条追討の陣触れを発した。そして翌十八年七月、二十二万を数える秀吉軍の前に、衆寡《しゅうか》敵せず、ついに小田原城は落ちる。北条氏政は切腹、享年五十三であった。

佐竹義重

（１５４７～１６１２）

［さたけ・よししげ］
常陸の統一を成し遂げた佐竹家18代目。しかし関ケ原の不手際で、出羽秋田に転封。

源氏を祖とする常陸《ひたち》の国（茨城県）の戦国大名佐竹家の十八代当主。天文十六年（１５４７）、十七代佐竹義昭の子として生まれ、幼い頃からその聡明さは際立っていた。わずか十五歳の永禄五年（１５６２）、父の隠居により家督を継ぐ。しかし同八年、後ろ盾だった父が死去すると常陸統一は遠のき、常陸は争乱の渦にのみ込まれていく。

義重はまず、父の代から親しかった越後の上杉謙信との連携を強め、永禄九年、小田氏治を攻めてその領土の大半を奪取。続いて翌年、白河義親を攻めてさらに勢力を拡大し、天正三年（１５７５）には結城氏の白河城を落とし、義重の動きは関東でも注目の的となった。

そしてこの佐竹の急速な勢力の拡大は、周辺の諸大名に危機感を抱かせるようになる。特に相模の北条氏政と会津の芦名盛氏との両面作戦に苦慮し、義重は窮地に陥るが、結城氏、宇都宮氏などの関東の諸大名と婚姻を結んだり、中央の羽柴秀吉と懇意になるなど、したたかな外交を展開していった。

天正十三年、義重は伊達氏に攻められた二本松氏救援を名目に芦名氏と連合し奥州に出陣。この人取橋の戦いでは兵力においても優位に立ったが、留守中の常陸で不穏な動きが発生、やむなく撤退する。あと一歩のところだった。いかにこの戦いが激戦であったか、敵の伊達政宗ものちの江戸時代に「生涯の大戦」と語っている。

天正十六年、義重はふたたび政宗と戦う（郡山合戦）。奥州の諸大名と連合を組んでの戦いで、この時も圧倒的優位な兵力だったが、各大名間の利害が対立し、統一した軍略が取れず、やむを得ず和解となってしまった。

しかし翌十七年、摺上原の戦いで、芦名氏が伊達氏に大敗すると奥州南部の大名たちは伊達氏に寝返ってしまう。そして芦名氏は滅亡する。これによって義重は北の伊達政宗、南の北条氏政と二大勢力に挟まれ、文字通り存亡の危機に立たされた。

この義重の危機を救ったのが、それまで誼《よしみ》を通じていた秀吉だった。天正十八年、秀吉の小田原征伐が始まると、義重は前年に家督を譲った長男の義《よし》宣《のぶ》を伴って参陣、忍《おし》城攻めに武功を上げ、秀吉から常陸五十四万石を安堵してもらう。そして秀吉の後押しを受けて江戸重通を水戸城から追い出しさらに翌年鹿島氏などを謀殺、一気に状況を好転させ、ついに常陸統一を実現する。

念願だった常陸統一を成し遂げた義重は実権を義宣に譲り、太田城で悠々自適の隠居生活に入った。

そんな佐竹家の運命を一転させるのが、九年後の慶長五年（１６００）の関ケ原の戦いだった。時流をよく読んでいた義重は徳川家康に就くように説得するが、息子の義宣は、かねてから懇意であった石田三成の西軍に就くよう家中を説く。この対立の決着もつかないまま、戦いはわずか一日で東軍の勝利に終わってしまった。

慶長七年、このあいまいな態度を理由に家康によって佐竹氏は出羽（秋田県）久保田二十万石に減封されてしまう。家康・秀忠と懇意にしていた義重が嘆願したため、改易だけは免れたのである。以降、明治維新まで佐竹氏は久保田（秋田）藩主として続くこととなる。

甲信越編

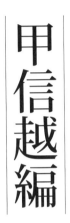

山本勘助（１５００～１５６１）

［やまもと・かんすけ］
甲斐の武田信玄の軍師。信玄の知恵袋といわれたが、その生涯は謎が多い。

平成十九年（２００７）のNHK大河ドラマ『風林火山』の主人公だった山本勘助の生涯については謎が多い。というかその存在さえ確かではない。江戸時代に成立した『甲陽軍鑑』という書物から山本勘助の名が現れる。それ以前の史料には一切出てこない。山本勘助の生涯とされるものは全て『甲陽軍鑑』及びこれに影響を受けた江戸時代の軍記物の作者による創作であると考えられる。

『甲陽軍鑑』は武田家中に語り伝えられていたものを滅亡後、上杉家に仕えた小幡光盛が原本を作り、それを江戸時代になって武田家の足軽大将であった小幡昌盛の子景憲がさらに手を加えて発表したものといわれる。

武田家滅亡後、遺臣達の多くが徳川家康に引きつがれ甲州流軍学が幕府を始め諸大名家でもてはやされた。小幡景憲はその甲州流軍学の創始者として知られ、『甲陽軍鑑』はその経典として広く読まれたのである。

勘助は二十六歳の時、武者修行の旅に出る。約十年間、日本中を遍歴して京流兵法を会得、築城術や陣取り（戦法）を極め、駿河に入り今川家に仕えようとするが、相手にされなかった。容貌が醜く隻眼・隻脚・身体中に無数の傷がある勘助は、単なる大法螺《おおぼら》吹きと見られたのだ。

しかし、天文十二年（１５４３）、変った浪人の噂を聞き及んだ武田家の重臣板垣直方が晴信（後の信玄）に推挙、対面した晴信はただちに勘助の才を見抜き知行二百貫で召し抱える。同年、晴信が信濃へ侵攻すると勘助は九つの城を落とす大功を立て知行は三百貫となり、軍師として遇されるようになった。

　さらに晴信が勘助に深い信頼を抱くのは、天文十三年の信濃の諏訪へ侵攻、諏訪頼重を降した時であった。自害した頼重には美貌の姫がいた。この姫を見染めた晴信は側室にすることを望むが、重臣たちは武田家への恨みがさらに深くなると猛反対。賛成するのは勘助ひとりだった。「姫が子を産めばその子は武田と諏訪の血を引き、両家の大きな絆となる」と主張したのだ。晴信は勘助の言を容れ、姫を側室に迎える。そして生まれたのが武田家最後の当主となる四郎勝頼である。

　天文十六年、晴信は上田原の戦いで宿敵村上義清と決戦。軍師としての勘助の策が功を奏し、武田方の勝利となる。義清は上杉謙信を頼って越後に敗走、そしてこれがこの後の五度にわたる謙信と信玄の川中島の戦いの糸口となる。

　永禄四年（１５６１）、最大の激戦といわれた第四次川中島の戦いで、信玄は勘助の献策により啄木鳥《きつつき》戦法をとる。陣を二手に分け、まず妻女山に陣を張る謙信を背後から攻め、山を下りた所を平地の本隊が殲滅するという案だ。しかし軍略の天才謙信は事前にこの策を見抜き、夜陰に乗じて山を下り、夜明けに武田別動隊が山に上がった時はもぬけのカラだった。

　夜明けの濃霧が晴れた八幡原には、いるはずのない上杉勢一万三千が目の前に整然と展開していた。不意を突かれた武田軍は押しまくられ、信玄の弟の信繁をはじめ名ある武将も相次いで討ち死にする。その中に山本勘助の名もあった。自らの献策の失敗の責任をとるため敵陣に突入、満身創痍になりながらも獅子奮迅の働きをした。享年六十九であったという。

村上義清（１５０１～１５７３）

［むらかみ・よしきよ］
信濃葛尾城主。武田信玄相手に互角に戦うが、敗れて上杉謙信を頼る。

北信濃六郡を治めた村上氏は、河内源氏の源頼信の子頼清を祖とする名門である。義清は文亀元年（１５０１）、村上顕国の子として居城葛尾城で生まれる。母は室町幕府三管領のひとり斯波義寛の娘であり、正室は信濃守護小笠原長棟の娘で、さすが名族の名に恥じないが、なにより村上義清の名が世に喧伝されたのは、あの武田信玄の侵攻を二度にわたって撃退したことによる。宿敵上杉謙信を別にすれば信玄の前に立ちはだかって互角に戦った唯一の武将といっていい。

永正十七年（１５２０）、父の死により家督を相続、葛尾城の城主となった。

当時の村上氏は、信濃の豪族井上氏や高梨氏、そして小県《ちいさがた》郡の海野氏らと抗争を繰り返していた。

天文十七年（１５４８）、武田軍との千曲川の支流産川の川原に広がる上田原の戦いでは、一万余の武田に対し義清は七千の兵を率いて対戦。みごと武田軍を撃退する。

最初は優勢だった武田軍も波状攻撃を続ける義清率いる村上軍のため、さすが戦《いくさ》上手の信玄の武田勢も統制を乱され、劣勢に立たされてしまう。父親の信虎を駿河に追放し、やっと当主となったばかりの信玄だけに若さに逸《はや》ったのだろう。

村上軍を深追いした武田軍の股肱《ここう》の臣板垣信方も伏兵に襲われ討ち取られ、甘利虎泰、才門河内守などの武田軍の武将も相次いで戦死。義清も初鹿野《はじかの》伝右衛門の首を上げている。信玄自身も負傷し、初めて敗戦の屈辱を味わった。

　そして報復に燃える信玄は、翌々天文十九年、義清の留守を狙って五千の兵を率いて葛尾城の支城砥石《といし》城に押し寄せる。この報を聞くや義清は、対戦していた高梨政頼と急遽和議を結び救援に駆けつける。

　岸壁の上に立ち、当時北信濃随一の堅城といわれていた砥石城だけに、さすがの武田軍も抜くことに手間取っている間に、六千の義清軍の攻撃を受けて形勢は危うくなった。

　両軍は山麓で激突を繰り返すが、武田軍は侍大将の横田高松はじめ千人を超す戦死者を出し撤退する。後に「砥石くずれ」と呼ばれる村上軍の大勝利であった。

　しかし義清の抵抗もそこまでだった。敗戦から三年後の天文二十二年、武田信玄は綿密な作戦を立て、大軍を率いて甲府を出発、義清は窮地に追い込まれる。

　ついに葛尾城は落ち、村上義清は越後の長尾景虎（後の上杉謙信）を頼って落ち延びていく。村上氏の没落により、善光寺平まで勢力を伸ばした武田氏は上杉領と直接対峙することとなった。

　これがこの年の八月から始まる五次にわたる川中島の戦いの導火線となる。

　謙信に暖かく迎え入れらた義清は、根知城主となり、永禄四年（１５６１）の第四次川中島の戦いで再び信玄とまみえ、信玄の弟の信繁を討ち取るという殊勲を上げている。

　元亀四年（１５７３）、義清は根知城で病死。七十三年の長寿で、仇敵信玄の死の五ヶ月前であった。

　さらに十年後、武田氏は滅亡、義清の嫡男国清は海津城代に任命され、村上氏は晴れて旧領に復帰した。

武田信玄（1521～1573）

［たけだ・しんげん］
甲斐守護武田家の19代。信濃を併合し、川中島で越後の上杉謙信と5度戦う。

武田信玄は甲斐《かい》（山梨県）武田家の第十九代当主で、甲斐から信濃へ侵攻し、さらに駿河（静岡県）、三河（愛知県）美濃（岐阜県）の一部までを領土とした戦国の名将である。

武田軍団の強さは当時日本一といわれ、かの織田信長も「常に恐れていた敵」（ルイス・フロイス『日本史』）という。

武田氏は清和源氏の流れをくむ河内源氏の嫡流で、代々甲斐守護を務めた。信玄は宿敵上杉謙信のことを生涯上杉姓で呼ばなかったが、これは自らは「守護」であり、越後「守護代」の長尾家とは格式が違うという考えからだったという。もっとも謙信は後年、関東管領だった山内上杉家から上杉姓と管領職を譲られ、格式は逆転するのだが、信玄はこれが気に入らなかったのか、最後まで長尾と呼び続けたという。

大永元年（1521）、武田家十八代武田信虎の嫡男として生まれた。通称は太郎、のち晴信。信玄はそのあとの法号である。母は甲斐の有力国衆であった大井氏の娘である。『甲陽軍鑑』によれば、傅役《ふやく》（武家社会の教育係）は譜代の家臣板垣信方だったという。蛇足だが、明治維新の功臣、土佐の板垣退助はこの信方の末裔といわれる。維新で名を上げた後、勧められて従来の乾《いぬい》から遠祖の名、板垣に改名したというわけだ。

四年後に弟信繁（二郎）が生まれると、父の寵愛が次第に弟に移り太郎は疎まれるようになった。これがのちの父追放の下地になっていたかも知れない。しかし、弟信繁はよく兄に仕え、文武ともに優れた将になるが、第四次川中島の戦いで無念にも敗死してしまう。

　天文五年（１５３６）、太郎は元服、室町幕府第十二代将軍足利義晴から晴の一字を賜り、晴信と改める。同時期、海ノ口城攻略に参加し初陣を飾った。そして天文十年、二十一歳になった晴信は海野平の戦いから凱旋するや甘利虎泰、館富虎昌らと語らって父信虎を追放する。信虎が娘婿の今川義元と会うため駿河に赴いたところ、甲斐と駿河の国境を封鎖、父を強制的に隠居させ、自分を支持する重臣たちを味方につけ、晴信は十九代当主に就いた。

　家督を継いだ晴信は、従来の信虎の路線を変更し、同盟を結んでいた信濃諏訪領への侵攻を開始。和睦を申し入れた諏訪頼重を騙《だま》して甲府へ連行、自害へと追い込み諏訪領を併合した。そして美女の誉《ほま》れ高かった頼重の娘を側室とする。晴信の後を継ぐ勝頼の母となる諏訪御寮人である。このあたりの経緯は、フィクションも交え、井上靖が傑作『風林火山』で壮大なロマンに仕立て上げている。大河ドラマ化もされており、軍師山本勘助の名とともにご記憶の方も多いであろう。

　天文十三年、晴信は父信虎時代には対立していた相模の北条氏と和睦、背後の不安を除くと、いよいよ信濃侵攻を本格化させて行った。特に北信濃に勢力を誇る葛尾城主村上義清との戦いは熾烈を極め、天文十七年の上田原の戦いでは敗れ、さらに老臣板垣信方を失うが、同十九年には小笠原長時領に侵攻、これを制圧、中信濃は武田の支配下となった。さらに村上義清を頼って逃走した小笠原を追った晴信は、村上の支城砥石城を攻めるが、後の世に砥石崩れといわれる大敗を喫してしまう。

翌天文二十年、満を持して出陣した晴信は真田幸隆の調略で砥石城を落とすと、本城の葛尾城を包囲。大軍を前にした義清はついに城を放棄して、越後の長尾景虎（上杉謙信）を頼って落ちていった。こうして信濃のほぼ全域が晴信によって平定された。

そして、天文二十二年、村上義清など北信濃の諸将の要請を受けた長尾景虎が動き出す。第五次まで続く川中島の戦いの始まりである。

景虎は武田領内深く侵攻するが、晴信は決戦を避けた。小競り合いは続けたが甲越両軍は積極的に軍を動かすことなく撤退する。その後、二次、三次と合戦は続くが、関ケ原とともに日本史上最大の合戦のひとつといわれるのが第四次の戦いである。

千曲川と犀川が合流する三角地帯、八幡原で行われたこの激戦は武田軍二万、上杉軍一万三千という当時では最大規模の合戦である。妻女山に陣取った上杉軍が武田方の山本勘助の啄木鳥《きつつき》戦法を見破って深夜に陣を払い、夜明けとともに武田軍の目の前に現れ、武田軍のド肝をぬいたという。

戦いは初戦は上杉軍有利、後半は妻女山から急遽引き返した武田別動隊の活躍で押されていた武田側が持ち直したという、互角の戦いであったが、武田方の損失は大きく、晴信の片腕といわれた弟の信繁をはじめ多くの将士を失った。景虎が、単騎で晴信本営に切り込み、太刀を交えたという伝説の一戦だった。

この第四次川中島を契機として晴信の信濃侵攻は一段落し、晴信の眼は西上野（群馬県）へと向けられる。また川中島の最中の永禄二年（１５５９）、晴信は出家し、徳栄軒信玄と号するようになった。

翌三年、桶狭間で駿河の今川義元が尾張の織田信長に討たれると、今川領内では三河（愛知県）で松平元康（徳川家康）が独立、時代は大きく動いていく。

信玄は今川、徳川、北条、さらに上杉と侵攻、和睦、同盟を繰り返したあげく、家康と組んで駿河侵攻を開始、永禄十二年にはついに駿府（静岡市）を掌握した。この信玄の活躍によって武田家の領土は甲斐一国のほか七ヶ国にまたがり、石高は百二十万石に達したという。

永禄十一年、将軍足利義昭を奉じて織田信長が上洛するが、やがて義昭と対立、義昭は信長討伐の御内書を各大名に送った。元亀三年（１５７２）、この呼びかけに応じる形で、信長討伐のため信玄は甲府を進発、西上作戦を開始。永年の夢であった京に旗を立て、天下に号令する第一歩であった。遠江、三河へ攻め入った武田勢は破竹の勢いで進軍を続ける。

当初、家康は居城浜松城に籠城の構えを見せたが、武田軍は家康に一顧だに与えず、そのまま通り過ぎようとする。これに立腹した家康は決戦に出るが惨敗の憂き目に会う。家康が生涯たったひとつの負け戦といわれる三方ヶ原の戦いである。

武田軍は浜名湖北岸の刑部で越年、翌元亀四年、野田城（愛知県新城市）を落とした後、突如として動きを停止する。将である信玄が喀血したためである。諸将の合議の結果、甲斐に撤退することに決定。引き返す三河街道の信濃・駒場《こまんば》（長野県阿智村）で信玄は五十三年の生涯を閉じる。死因は肺結核《かく》だった。遺言は「三年間死を匿し、遺骸は諏訪湖に沈めよ」だったという。

そして重臣の山県昌景に「必ず瀬田に我が武田の旗を立てよ」といい、さらに後を継ぐ武田勝頼に「越後の謙信を頼れ」と言い残したという。江戸時代に入ると『甲陽軍鑑』がベストセラーとなり信玄人気は一層高まり、寛文十二年（１６７２）に恵林寺において百回忌の法要が行われ多くの人が参列した。

上杉謙信（1530〜1578）

［うえすぎ・けんしん］
越後春日山城主。武田信玄との川中島の戦いで有名。生涯「義」による戦しかしなかった。

甲斐の武田信玄との五度にわたる川中島の戦いで有名な越後（新潟県）の武将。「甲斐の虎」の信玄に対して「越後の竜」と謳われた戦国きっての名将である。

信玄によって領国を追われた信濃守護の小笠原長時や葛尾城主の村上義清などの救援も領土的野心はいっさいなく、すべて義によって出陣したといわれる。また戦乱が絶え間なかった越後を統一した後も武田や北条、さらに織田との戦いなど、その四十九年の生涯は戦いに明け、戦いに暮れたといっていい。

享禄三年（1530）、三条長尾家の当主である越後守護代長尾為景の四男として春日山城に生まれた。次男、三男ともいわれるが定かではない。幼名虎千代。寅年生まれのため名づけられた。母親は古志長尾家の娘虎御前。

当時、長尾家は蒲原郡（新潟県三条市）を所領とした三条長尾家、古志郡（長岡市）の古志長尾家、そして魚沼郡上田荘（南魚沼市）を地盤とする上田長尾家の三家に分かれ、守護代の地位の争奪を繰り返していた。

しかしやがて、三条長尾家が守護代の職を独占するようになる。これに反対する上田長尾家との抗争は以後も続き、それが長尾政景の謀反や謙信死後の御館の乱へと発展していく。

幼少時の虎千代は、手も付けられないほどの暴れん坊だったため、父の為景の怒りをかって、父や父の後を継いだ兄晴景から遠ざけるため、七歳で菩提寺である春日山林泉寺の天室光育に預けられた。だが、虎千代の天賦の才を見抜いた天室和尚は、虎千代を仏門の戒律で縛ろうとはせず、放任しておく。

内乱の鎮圧で疲れ果てた父為景が、天文十一年（１５４２）死去すると、為景に敵対していた揚北衆《あがきたしゅう》が春日山城に迫ったため、僧籍にあった虎千代は甲冑を着け、剣を持って亡き父の柩を護送したという。

しかし、兄晴景は病弱の上、酒色に溺れ、越後をまとめる才覚はなく内乱が相次いだ。事態の収拾に自信のない晴景は、虎千代を還俗させ、景虎と名のらせ栃尾城に入れる。弱冠十五歳の景虎を侮って栃尾城に揚北衆が攻め寄せるが、景虎はこれを撃退、みごとに初陣を飾った。敵対していた越後の諸将たちもこの景虎の武勇に舌を巻き、さらにその後の戦いで勝ち進む景虎に目を見張り、心服する将たちが次々と続いた。

これを謀反と決めつけた兄晴景との関係が悪化するが、守護の上杉定実の仲介で晴景は隠居、景虎は十九歳で越後守護代に就き、春日山城に入った。さらに二年後、上杉定実が後継を決めないまま死去したため、景虎が将軍足利義輝から越後守護の地位を認可され、名実ともに越後国主となるが、この相続に不満を持った上田長尾家の長尾政景が反乱を起こす。

景虎は坂戸城を包囲し、これを鎮圧。降伏した政景は、夫人の仙桃院が景虎の姉だったため助命され、以降、政景は重臣として景虎のよき補佐役となる。この政景の乱を最後として越後の内乱は収まり、景虎は越後統一を成し遂げたのである。まだ二十二歳の若さであった。

天文二十一年、武田信玄の信濃侵攻により追われた信濃守護小笠原長時が、翌年には葛尾城主村上義清が、景虎に救援を求めてくる。信玄討伐を決意した景虎は、自ら軍を率いて信濃に出陣、武田領深く侵攻、武田方の諸城を攻め落とした。第一次川中島の戦いである。

　翌天文二十二年、景虎は初めて上洛、後奈良天皇、第十三代将軍足利義輝に拝謁。さらにその翌年には再び信濃へ出兵、信玄と対峙した。しかしこの第二次川中島の戦いは、今川義元の仲介で和睦となる。

　弘治二年（１５５６）、有名な景虎の出家騒動が起こる。景虎の義による出兵に得るものがなく、次第に景虎に対する家臣団の不満が募っていく。さらに家臣の境界をめぐる紛争も頻発、心身とも次第に疲れ果てていった景虎は突然出家を宣言。林泉寺の天室和尚に遺言を託し、高野山へ向かう。あわてた家臣団が必死に追い、ようやく大和《やまと》の葛城山麓で追いつき、思いとどまるよう懇願、家臣達が「以後は謹んで臣従し、二心は抱かない」という誓約を差し出すことにより、景虎もこれを受け入れた。多分、自分から人心が離れていくことを防ぐための計画的な行動だったのだろう。

　そして永禄三年（１５６０）、桶狭間で今川義元が織田信長に討ち取られると、この機に乗じ、景虎は北条氏康を討伐するため三国峠を越えて関東に出陣。途中から参陣した諸将たちの兵も加え、十万を越える大軍で小田原城を包囲するが、氏康と同盟を結ぶ信玄が軍事行動を起こす気配を見せると、落とした北条方の松山城、厩橋城などに重臣を残し帰国する。

　この間、景虎は鎌倉の鶴岡八幡宮において永禄四年、上杉憲政から山内上杉家の家督と関東管領の職を相続し、名を上杉政虎と改めた。

　そして越後に帰国した同年八月、最大の決戦といわれる信玄との第四次川中島の戦いが始まる。政虎は一万三千の兵を率いて妻女山に布陣するが、武田方の裏をかいて深夜、八幡原に移動、夜明けとともに激戦が始まった。越後軍は武田信繁、山本勘助、両角虎定など名のある武将を数多く討ち取り、武田方に大打撃を与えた。川中島の戦いはもう一回あるが、この第四次を機に北信をめぐる武田との抗争はほぼ収束し、関東はもちろん畿内の情勢もこのあと大きく変わっていく。同年暮、政虎は将軍義輝の一字を賜り、名を輝虎と改めた。

永禄十一年、新しく将軍となった足利義昭からも関東管領に任命されると、武田氏との抗争を終わらせた輝虎は、徳川家康、北条氏、織田信長らに対峙することとなった。そして元亀元年（１５７０）、法号を不識庵謙信とすると、謙信の眼は越中（富山県）、能登（石川県）へと向けられる。天正四年（１５７６）、越中へ出陣。次々と城を落とし、越中を制圧。さらに能登の覇権をかけた七尾城の戦いに勝利した謙信は、能登一国をも支配下に入れた。

天正五年、春日山城に帰還した謙信は、次の遠征に向けての大号令を発するが、遠征開始の六日前、春日山城で急死。享年四十九であった。死因は脳溢血といわれる。生涯不犯を貫いたため子は全員養子だった。

辞世の句は、

「四十九年一睡の夢　一期の栄華一盃の酒」。

武田信玄とは五度も戦火を交えた宿敵だったが、お互い相手の力量は充分認め合い、尊敬しあっていたという。頼山陽の『日本外史』によれば信玄の死を食事中に聞いた謙信は「われ好敵手を失えり、世にまたこれほどの英雄あらんや」と箸を落として号泣したといわれる。

また海のない甲斐が今川との同盟の破棄によって塩の交易を止められると、これを卑怯と感じた謙信は、川中島の戦いの最中であっても信玄に塩を送った。「敵に塩を送る」の故事として有名な話である。まさに義将という言葉は上杉謙信のためにあるといってもいい。

武田勝頼（１５４６〜１５８２）

［たけだ・かつより］
信玄の跡を継ぐが、長篠の戦いで織田・徳川軍に敗れ、武田家を滅亡させた悲運の武将。

　甲斐の名門武田家の第二十代当主。天文十五年（１５４６）、信玄の四男として生まれる。通称は四郎。母は信玄に滅ぼされた諏訪頼重の娘の諏訪御寮人。「頼」は諏訪氏の通字（代々にわたって用いられる字）であり、「勝」は信玄の幼名勝千代に由来する。源氏の嫡流武田氏を滅亡させた当主のため、とくに神格化された信玄との対比で、暗愚と評価されていたが、近年では新府城の発掘調査を契機として、勝頼の領国経営や外交政策も多方面から研究され、文武に秀でた悲劇の武将と再評価されてもいる。事実、同時代の上杉謙信や織田信長らの書状を見ても、彼らが勝頼を武勇に優れた将として認識していたことがわかる。

　天目山で勝頼の首級と対面した信長は「日本に隠れもなき弓取りなれども、運がつきさせ給いてかくならせ給う」と漏らしたという（『三河物語』）。

　天文十年（１５４１）、父信虎を追放し、家督を相続した信玄は、翌十一年、父の時代には同盟関係にあった諏訪侵略を開始、諏訪頼重ら一族は滅亡する。信玄は美貌の誉《ほまれ》高かった頼重の娘を居城である躑躅ケ崎《つつじがさき》館に迎えて側室とする。これには家中の猛反対があったが、山本勘助の項でも述べたように勘助の「甲斐と諏訪の融合こそ大事」の一言《ひとこと》が大きく効いたという。そして勝頼が誕生する。

　この間の経緯は『甲陽軍鑑』

に詳細にわたって記されていて、他の資料には見られないため、かなり創作の部分があるのだろうが、一般に定着してしまった。

長じて勝頼は諏訪氏を継ぎ高遠城主となる。さらに永禄八年（１５６５）、信玄の嫡男義信が信玄暗殺の疑いで廃嫡されると、次兄は盲目のため出家、三兄は夭折していて、勝頼が信玄から後継者として指名される。

元亀三年（１５７２）、信玄は京に上って天下に号令するため、西上作戦を開始するが、その途中の翌四年、陣中で病没してしまう。

領国の拡大を目指した父信玄の志を継ぎ、天正二年（１５７４）、勝頼は織田領に侵入し明知城を落とし、さらに信玄の落とせなかった高天神城を降し、東遠江《とうとうみ》をほぼ平定する。

翌三年には三河へ侵入し、徳川方の奥平信昌が籠《こも》る長篠城への攻撃を開始する。武田氏滅亡のきっかけとなる長篠の戦いである。織田・徳川連合軍の鉄砲隊の前に騎馬隊の武田軍は総崩れとなり、馬場信春、山県昌景、原昌胤など名だたる武将が討たれてしまう。武田軍の死傷者は一万人を超えたともいわれた。

長篠の戦いに敗れた後、勝頼は再起を期して、上杉氏、北条氏との同盟を強化し、天正九年には、躑躅ケ崎館を出て新府城（韮崎市）築城に着手するが、多数の武将を失い、さらに一族の穴山梅雪の織田方への内応もあり、武田氏にはもはや昔日の勢いはなくなっていった。

そして同十年、織田が伊那から、北条が関東から、徳川が駿河から、それぞれ武田領への侵攻を始める。さらに浅間山の大噴火もあって、武田は組織的な抵抗は出来ない状態になった。

完成間近い新府城に火を放った勝頼一行は武田氏ゆかりの天目山棲雲寺を目指す。しかしその途上、追っ手に捕捉され、勝頼は嫡男、夫人とともに命を絶つ。三十七の若さであった。

真田昌幸
（１５４７〜１６１１）

［さなだ・まさゆき］
信濃上田城主。主家を何度も変えたが、謀将として恐れられ、家康には２度、戦いを挑む。

戦国の世を、おのれの知略ひとすじで生き抜いた信濃の謀将。天文十六年（１５４７）、これも智将の誉《ほまれ》高かった真田幸隆の三男として生まれたが、兄二人が長篠の戦いで戦死したため急拠、真田家を継いだ。

　しかし、天正十年（１５８２）、信玄の後を継いだ勝頼の死により武田氏は滅亡。昌幸は織田信長に仕えるが、その信長も二ヶ月後、本能寺の変により横死、昌幸はまたしても主を失う羽目になってしまう。

　その後、旧武田領を狙う徳川、上杉、北条の間を昌幸は状況に応じて渡り歩かなければならなかった。いい意味に解釈すれば真田のような地方の小豪族は、そのように先見性をもって次々と勢いのある方に就かなければ、生き延びられなかったといえるが、一方、節操なく信義もない生き方と非難されても仕方ない。

　ともあれ、知恵ひとつで乱世を乗り切った昌幸はようやく家康のもとに落ち着くこととなった。天正十一年、千曲川領域を抑えるため、自然を要害とした松尾城（のちの上田城）を築く。しかしそれもつかの間、またしても家康に背くこととなる。

　翌年、小牧・長久手の戦いで秀吉と戦った家康は九ヶ月後に和議を結び、北条氏直とも和議を結んだが、北条との和議の条件に真田領の沼田を北条に引き渡す、という一項があった。翌年、履行を迫られた家康は、昌幸に引き渡すように求めたが、昌幸は激怒し、拒絶する。

　家康との手切れを決断した昌幸は、徳川の侵攻に備え、再び上杉と結ぶ。次男の幸村を人質として上杉に差し出し、援軍を頼んだ。

　怒った家康は七千の兵を上田城攻略に向かわせる。こうして第一次上田合戦が始まった。昌幸は巧妙な作戦で、徳川方を翻《ほん》弄《ろう》し、徳川軍に二千人もの死傷者を出させるという大勝利を収める。そしてこの勝利によって真田は武田の旧臣から信濃の独立大名として世間に認知されるようになった。

　その年の冬、またも機略によって上杉から幸村を奪い返した昌幸は今度は幸村を秀吉に差し出し、豊臣家に臣従する。

　そして、策士としての昌幸の面目躍如となるのが関ケ原の戦いである。秀吉が死ぬと、五大老のひとり家康の横暴が始まり、これに対抗する五奉行の石田三成が挙兵。日本中を東西に分けた大戦《おおいくさ》が始まった。

　昌幸は長男の信之と次男幸村を呼び、熟考を重ねた上、自分と幸村は西軍・豊臣方に就き、信之は東軍・徳川方に味方する、ということとなった。つまりどちらが勝っても真田家は生き残れるという苦渋の決断。この会見の地が栃木の佐野郊外の犬伏であったため、「犬伏の別れ」として世に知られる。

　上田城に籠った昌幸・幸村父子は三万八千の徳川秀忠の大軍を迎え撃つ（第二次上田合戦）。真田勢の抵抗に苦戦した秀忠軍はそのため関ケ原に到着した時はすでに戦いは終わっていた。

　敗れた昌幸・幸村父子は家康から上田領没収と死罪を申し付けられるが、長男の助命嘆願によって高野山配流《はいる》となる。そして昌幸はふもとの九度山で失意のうち六十五年の生涯を終わった。

　長男の真田信之の信濃松代藩は、昌幸の想定通り生き残って、明治維新まで続く。

上杉景勝（１５５５～１６２３）

［うえすぎ・かげかつ］
出羽米沢藩初代藩主。謙信の甥。豊臣家5大老のひとり。関ケ原後、会津120万石から米沢3万石に減封。

越後の上杉謙信の養子だったが、謙信死後の後継者争いに勝って上杉家の当主となる。豊臣政権の五大老のひとりで米沢藩の初代藩主。

弘治元年（１５５５）、越後の国魚沼郡上田庄（新潟県南魚沼市）の坂戸城主長尾政景の次男として生まれる。名は顕景、通称は喜平次。母は謙信の姉仙桃院である。

永禄二年（１５５９）、叔父謙信の養子として春日山城に入るが、その二年後、父政景が不和が続いていた宇佐美定満に野尻湖で遊泳中、刺され、二人とも溺死するという変事に見舞われる。十歳だった兄義景死去に続く悲しい知らせであった。

永禄九年の謙信の関東出兵が初陣となる。以後、景勝は上田衆を率いて活躍、謙信政権の重要な役目をこなし、ついに上杉一門衆筆頭にまで上りつめる。

天正六年（１５７８）、謙信が死去すると、北条氏から人質として出されていた、もうひとりの養子景虎の間で後継者争いが勃発する。「御館《おたて》の乱」である。

その背景には長年にわたる長尾家中での複雑な事情が絡んでいたといわれる。当初、春日山城下の、関東を追われ謙信を頼って落ちてきた前関東管領の上杉憲政の屋敷である御館に立てこもった景虎側が有利であった。

そして武田勝頼が調停のため国境まで出兵して来ると景勝方はさらに窮地へ追い込まれる。

しかし本丸の金蔵を占拠した景勝は、東上野の割譲と黄金を条件として武田方と和睦、戦局を有利に展開し、景虎の自害により勝利を収めた。

本能寺の変で織田信長が急死すると、景勝は、その後継者として台頭してきた羽柴秀吉とさっそく誼《よし》みを通じ、賤ケ岳の戦い、さらに小牧・長久手の戦いでも秀吉側として参陣。

さらに天正十四年、上洛して天下人となった秀吉と対面、臣従を誓った。

翌年には秀吉の後ろ盾を得て長年抗争状態にあった新発田《しばた》重家を討ち果たし、越後再統一を果たした。

そして、文禄四年（１５９５）、秀吉から五大老のひとりに任命され、豊臣政権では家康、前田利家らと並ぶ重要な閣僚となった。さらに、東北諸大名と家康の監視、牽制という目的のため、秀吉から会津百二十万石へ転封を命じられる。秀吉が死ぬと、その心配が現実のものとなった。

慶長五年（１６００）、家康の横暴に五奉行筆頭石田三成が挙兵する。日本史上最大の合戦となる関ケ原の戦いの始まりである。

自分の命を聞かない上杉討伐のため諸将を集め会津征伐に向かっていた家康は、急拠、軍を反転し西に向かう。家康が西上するとなると、上杉軍は会津から出兵、東軍に就いた伊達政宗、最上義光の軍と戦う。

しかし、関ケ原の戦いで三成の西軍が敗れたため、上杉は家康に降伏せざるを得なかった。敗軍の将である景勝は改易は免れたものの、会津から米沢三十万石に減封となった。

かつて越後を中心に北信濃から能登まで数ケ国の大大名上杉家は、景勝一代でわずか三十万石程度の並大名へと転落したのである。

元和九年（１６２３）、景勝は六十九歳で死去。米沢三十万石は幕末まで続く。

仁科盛信
（１５５７〜１５８２）

［にしな・もりのぶ］
信濃高遠城主。信玄の５男。信濃の名族仁科の名を継ぐ。城を死守し、討ち死。

信州高遠といえば、城址公園のコヒガンザクラで有名である。

全国から大勢の人が押し寄せるが、今からほぼ四百四十年前の天正十年（１５８２）、ここで織田軍五万の大軍を相手にわずか三千の兵で血みどろの激戦を繰り広げ、見事に散った若き武将の名を知っている人がどれほどいるだろうか。武田信玄の五男仁科盛信である。

盛信は弘治三年（１５５７）、甲斐の大名武田信玄の五男として生まれる。異母兄弟に武田義信、勝頼、同腹の妹に上杉景勝正室の菊姫がいる。

信濃併合を進める信玄は、天文年間に入るとさらにそれを本格化し、服従した国人たちは次々と武田家臣団に組み入れられていった。安曇郡を領有していた仁科氏も天文二十二年（１５５３）、武田方に帰属する。

信玄は帰属した信濃の名族たちと婚姻を結び親族に列するという懐柔策を続けていくが、盛信も永禄四年（１５６１）、父の意向でわずか四歳で仁科の名跡を継ぐ。

元亀四年（１５７３）、父信玄が死去、後を継いで異母兄の勝頼が当主となると、盛信はよく仕え、兄勝頼から大きな信頼を得る。

その間、織田・徳川方との敵対関係は激化、天正九年（１５８１）、盛信は居城森城から高遠城に移り、小山田昌成とともに籠城の準備に入った。

そして翌天正十年二月、織田信長による甲州征伐が始まる。三千の兵が籠る高遠城は、織田信忠率いる五万の兵によって包囲された。

織田信忠は盛信の武を惜しんでまず降伏を勧める。

「もし織田に忠節をつくせば、所領は望み通り、まず当座の褒美として黄金百枚を進呈する」という内容だったが、盛信は使者として来た僧の耳をそぎ落とし、断固として拒否の返信を送る。そこには「信玄以来の武勇の程、御目にかける」とあったという。

そして三月二日早暁、織田軍の高遠城総攻撃が始まる。盛信以下城兵の士気は高く、めざましい奮闘を続けるが、やはり多勢に無勢、ついに落城の時が来る。盛信は女性、子供たちを次々と殺し、最後に自ら腹を十文字に切って果てた。享年わずか二十六。

首級は信忠のもとに届けられ、長谷川宗仁によって京に運ばれ、一条の辻に勝頼らとともに獄門にかけられた。高遠に残った胴体は、盛信を慕う領民たちによって厚く葬られたという。

時代は下って江戸時代の天保二年（１８３１）、当時の高遠藩主内藤頼寧は高遠城内に盛信を祀り、三月一日を命日と定めた。領国で盛信がいかに敬慕されていたかがよくわかる。

盛信の子には信貞がおり、戦国の世を生き抜き、徳川家康と対面の折には仁科氏の存続を願い出て許されている。そして徳川の旗本として江戸時代を生き、子孫は武田の姓に復したという。

また別の子は上総の武田氏を頼って落ち延び、子孫は郷士として続いていたと言われるが定かではない。

毎年、盛信軍のおびただしい血を吸った土地の上に咲くコヒガンザクラは、もしかすると落日の武田軍団への手向《たむ》けの華かも知れない。

直江兼続

（1560～1619）

［なおえ・かねつぐ］
上杉景勝の重臣。つねに景勝の側にあってその懐刀といわれる。家康を糾弾した直江状で有名。

徳川家康に「直江状」と呼ばれた糾弾の文書を送ったことで有名な上杉家の家老。平成二十一年の大河ドラマ『天地人』の主役として一躍世に知られた。

永禄三年（1560）、越後の上田庄（新潟県南魚沼市）で樋口兼豊の長男として生まれたといわれるが、信憑性のある史料は確認されていない。樋口家は木曽義仲の重臣樋口兼光の子孫といわれている。父の身分について米沢藩の記録では長尾政景家老、新井白石の『藩翰譜』では炭焼きとあり、はっきりしない。与六といわれた幼少から聡明の誉高く、坂戸城主長尾政景の子景勝に近侍、上杉謙信の養子となった景勝に従い春日山城に入った。

天正六年（1578）、謙信が急死、後継者争いの御館の乱で景勝が、もうひとりの養子景虎を討って春日山城の主となる。兼続が頭角を現わしてくるのはそのあとからだった。

天正九年、景勝の側近であった与坂（長岡市）城主であった直江信綱と山崎秀仙が春日山城内で打ち合わせ中に、山崎が、御館の乱の論功行賞で山崎に遺恨を持つ毛利秀弘に刺殺され、同席していた信綱はとっさに身を守ろうとしたが逆上した毛利によって惨殺されてしまう。跡取りのなくなった直江家を継ぐため、兼続は景勝の命により信綱未亡人お船《せん》の入婿となった。

直江兼続の誕生である。

以後、上杉家は兼続と狩野秀

治二人の執政により政務が行われた。そして天正十二年、狩野が病に倒れると、兼続は内政から外交まで上杉家のすべてを担うようになる。

豊臣秀吉が天下を取ると臣従を誓い、天正十七年の小田原征伐にも主従で出陣、先兵として関東の諸城を攻略、武勲を挙げる。秀吉の天下統一が完成すると、兼続は戦乱で疲弊した越後の立て直しに奔走し、新田開発に取り組み、それが「米所《こめどころ》」新潟として実を結び、現在に至っている。

しかし慶長三年（１５９８）、秀吉の命で景勝は越後から会津百二十万石に加増移封させられる。その際、秀吉から兼続にも米沢六万石が与えられている。

そして同年八月、秀吉が死去すると、家康が次の天下取りとして動き出す。関ケ原の戦いへとつながる上杉家や石田三成一派との対立である。

まず、国替えの引継ぎの際、新たに越後高田の領主となった堀秀治が、上杉家が先取りした年貢の返還を求めた際、景勝は無視。怒った秀治が上杉家謀反と家康に訴えると家康は上杉家を詰問。その返書として兼続が送ったのが、直江状と呼ばれる家康への弾劾書《だんがいしょ》である。

激怒した家康は会津征伐を決意、諸将を下野《しもつけ》の小山に集める。だが、時を同じくして三成が挙兵、急遽家康の東軍は西上、天下分け目の関ケ原となる。

そしてわずか一日で西軍が敗退すると、上杉軍は伊達軍の追跡を退け、米沢へ撤退、景勝・兼続の計画は夢と消えた。

慶長六年、兼続は景勝とともに上洛、家康に謝罪する。罪を許された上杉は米沢三十万石へと減封となった。その後、上杉家は徳川に忠誠を誓い、兼続は新田開発に励み、鉱山を開発するなど藩政を主導し米沢藩の基礎を築いた。元和五年（１６１９）没。兼続が病床に伏すと景勝は毎日のように見舞い、最善の医療を尽くしたという。

真田幸村（1567〜1615）

［さなだ・ゆきむら］
真田昌幸の次男。父ゆずりの智謀で、大坂の陣で徳川方を翻弄。

テレビやゲームでおなじみの戦国きってのヒーローである。父昌幸ゆずりの知略で、慶長二十年（1615）、大坂夏の陣では徳川家康の本陣まで攻め込んで、さすがの家康も肝を冷やすという大活躍をする。江戸時代の各資料にもその働きは記録されていて、「日本《ひのもと》一の兵《つわもの》」と評された。

永禄十年（1567）、武田信玄に仕えていた信濃の国衆真田昌幸の次男として生まれる。名は信繁、通称左衛門佐または源二郎。別名幸村の名で広く知られている。それは江戸時代の軍記物『難波戦記』に幸村の名で登場し、明治・大正期に大流行した講談本、立川文庫に幸村の名で大活躍するからで、生前の資料では幸村の名が使われているものはないし、本人も一切使っていない。

しかし、時代が下るにつれ、真田「幸村」の名があまりにも定着したため、江戸幕府編纂の『寛政重修諸家譜』などには「幸村」と記載されている。

天正十年（1582）、織田・徳川連合軍に追い詰められた武田勝頼は天目山で自刃、名門武田氏は滅亡する。続いて織田信長も明智光秀の謀反によって京都本能寺にて横死。時代は急激に動いていった。織田家の相続争いに勝った羽柴秀吉が台頭すると真田昌幸は秀吉に服従、ようやく独立した大名として認められるようになった。

幸村は人質として大坂城内に

移り、ほどなく秀吉の取りなしで、大谷刑部吉継の娘竹林院と結婚。早くもその才を見抜いた秀吉に可愛がられる。そして従五位下左衛門佐に叙任される。

　幸村の豊臣政権下の動きは資料が少なくよくわかっていないが、近年の研究では秀吉の馬廻衆を務め、昌幸とは別に二万石近くの知行を与えられていたことが判明した。屋敷も与えられ、小さいながらも独立した大名として遇されていたらしい。

　しかし秀吉が死去すると、家康と秀吉子飼いの石田三成の不和から、日本中を巻き込んだ関ケ原の戦いとなる。昌幸の項でも述べたように、真田父子は、真田家の存続を期して、兄信之は妻が家康の股肱の臣本多忠勝の娘であったため東軍に就き、幸村と父は西軍に参陣することを決める。

　昌幸と幸村は居城上田城に籠り、本隊とは別に中山道を通って関ケ原に向かう徳川秀忠隊三万八千を迎え撃つこととなった。少数の真田隊の撹乱戦法に手こずった秀忠軍は、上田で足止めを食う事となった。家康の催促で攻略を諦めた秀忠軍は急いで関ケ原に向かうが、すでに戦いはわずか一日でケリがついてしまっていた。

　第二次上田合戦と呼ばれたこの戦いの見事さで、真田の名はあらためて天下に轟き、家康は生涯、真田を恐れたという。

　面白い話がある。時は下って慶長十九年（１６１４）、大坂冬の陣で真田が大坂城に入ったという報せを聞いた家康は「親の方か、子の方か」と聞いたという。それ以前に昌幸は病死しているが、策士の昌幸のことだけに、家康もその死に疑問を抱いていたらしい。

　子の幸村の方だと聞いて家康は安堵したと言われる。まさかそのあと幸村に、死を覚悟するほどの目にあわされるとは夢にも思わなかっただろう。それほど家康は、真田という名に恐怖心を抱いていたのである。

関ケ原の戦いで西軍が敗れると、昌幸と幸村は、敗軍の将として死罪は免れないところだったが、兄信之とその舅《しゅうと》である本多忠勝の必死の嘆願もあって死罪だけは免れ高野山に流された。初め高野山の蓮華定院に入り、ついで麓の九度山に移された。この九度山での真田家の生活は貧窮を極め、真田紐なる組紐を考案し、わずかの家来達に全国に売り歩かせたという。

　そして、慶長十九年、京都方広寺の鐘銘事件をきっかけに徳川と豊臣の関係は悪化、大坂冬の陣の勃発となった。大名のほとんどは、すでに日本の盟主となって幕府を開いた徳川方についたため、豊臣方は浪人を集める策しかなく、九度山の幸村のもとにも使者がやって来る。黄金二百枚、銀三十貫を贈ったとも、五十万石の成功報酬を約束したともいわれるが、幸村は参戦を決意する。

　父昌幸の旧臣たちにも呼びかけ、九度山を脱出し、武田軍団にならって鎧を赤で統一した一軍を率いて大坂城に入った。

　大坂方は幸村の参陣を両手《もろて》を挙げて喜び、騎馬武者百騎、兵五千を預ける。これだけの兵をまかされたのは、浪人組では幸村のほか、長宗我部盛親《もりちか》、毛利勝永、明石全登《たけのり》、後藤又兵衛の五人だけで、彼らは「五人衆」と呼ばれた。さっそく軍議が開かれ、幸村は終始籠城には反対、討って出て近江瀬田で徳川軍を迎え撃つよう主張するが、結局受け入れられなかった。

　籠城と決定すると、幸村は大坂城の最弱部とされる三の丸南側、玉造口外に「真田丸」と呼ばれる土作りの出城を築いた。こうした突出部を築くことで敵の注意を引きつけ一気に屠《ほふ》る作戦だった。しかし真田丸築城は、幸村が徳川方に寝返るための下準備ではないかと、大野治長など豊臣子飼いの武将たちは警戒していたという。

　実際、和議がなったあと、家康は信濃で十万石を与えるという条件で幸村を誘った。幸村が断ると、では信濃一国を与えるという。幸村はたとえ日本国の半分を与えると言われても、私の命は秀頼公のもの、と一蹴したという。後で作られた伝説であろうが、それほど幸村という男が清廉で魅力があったか、よくわかる。

　翌慶長二十年の大坂夏の陣でも幸村は連日奮戦するが、もはや豊臣方に戦意はなく、敗戦も決定的となると、死を覚悟した幸村は家康の本陣めがけて突撃を敢行。幸村率いる決死の真田隊は松平忠直一万五千の大軍を突破し、ついに家康の親衛隊を打ち破り、本陣に二度にわたり突入した。そのすさまじさに、さすがの家康も自害を覚悟したほどだったという。

　家康が本陣まで攻め込まれたのは、信玄に惨敗した三方ヶ原の戦い以来であり、またしても武田家ゆかりの真田に踏み込まれたとあって、以後家康の武田家への畏怖はさらに募り、武田の遺臣を数多く自身の旗本に加えることとなる。

　しかし、さしもの真田隊も、反撃に転じた越前松平の軍勢に次々と討ち取られ、幸村の疲弊も頂点に達し、大坂方は総崩れとなった。一方、城内では敗戦を覚悟した豊臣秀頼と母の淀の方は城内に火を放って自刃、ここに豊臣家は滅亡した。

　傷つき疲れ切った幸村は、四天王寺近くの安居神社で越前松平家の西尾宗次に発見され、討ち取られたという。四十九年の生涯であった。

　江戸時代に入ると『難波戦記』や『真田三代記』などにより幸村人気は沸騰《ふっとう》し、さらに大正になると立川文庫で『真田十勇士』なるものも登場、ベストセラーになった。ちなみに真田十勇士は、猿飛佐助、雲隠才蔵、根津甚八、由利鎌之助、筧十蔵、三好清海入道、同伊三入道、望月六郎、海野六郎、穴山小介の十人だが、すべて創作に近い人物であった。

東海編

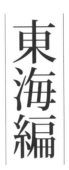

斉藤道三

（１４９４～１５５６）

［さいとう・どうさん］
美濃稲葉山城主。謀略で美濃一国を手に入れた下剋上の典型。信長の義父。

　北条早雲とともに下剋上の典型とされるのが美濃（岐阜県）の斉藤道三。名もない僧侶、油商人から権謀術数で美濃の国主にまで成り上った人物である。小説やテレビドラマなどでその辣腕《らつわん》ぶりは知られ、「まむしの道三」と恐れられたという。最近の研究では、従来、道三ひとりの事蹟と思われたことは道三父子の二代にわたるもので、この「ふたり道三」説が有力視されているが、ここではあくまで世間に流布されている「ひとり道三」説で解説したいと思う。

　道三は、明応三年（１４９４）、山城《やましろ》の国（京都府）乙訓郡西岡に生まれた。父は松波左近将監基宗という浪人。幼名は峰丸。名は主家を滅ぼすごとに長井規秀、斉藤利政と変わる。通称は新九郎、道三は法号である。

十一歳の春、京都妙覚寺で得度し、法蓮房と名のる。学友の南陽房が美濃の常在寺の住職となると、道三は還俗《げんぞく》して松波庄九郎と名を変えた。地元の油問屋奈良屋の娘を妻として油商人となった道三は山崎屋を屋号とし、持前の才覚で商人として成功する。しかし道三、商人としての成功に飽き足らず、武士になることを決意。南陽房改め日運を頼って美濃へ出て、美濃守護土岐氏の老臣長井長弘に取り入り武士にとりたてられると、長井氏の家臣西村の家名をつぎ西村勘九郎と名のる。

　やがて武芸と才覚でめきめき頭角を現わした道三は土岐氏の

次男頼芸《よりなり》の信任を得る。頼芸と手を組んで、まず家督相続で敵対していた兄の政頼を追放、続いて重臣長井長弘を殺害し、長井新九郎規秀を名のった。

天文七年（１５３８）、守護代の斉藤利良が病死するとその名跡を継ぎ、またもや斉藤新九郎利政と改名、稲葉山城（のちの岐阜城）を居城とする。さらに天文十一年、主家の土岐頼芸を攻め、尾張に追放、美濃一国はついに道三のものとなった。まさに下剋上を地で行く道三の悪業である。

天文十六年、隣国尾張の織田信秀が大軍を率いて稲葉城を囲んだ。道三は籠城して戦い、織田軍を壊滅寸前にまで追い込むが、翌年、娘の帰蝶を信秀の嫡子信長に嫁がせることで和睦する。のち本能寺で信長とともに果てる正室の濃姫である。

愛娘を嫁がせた信長とはその後、美濃・尾張の国境、富田の正徳寺で初会見する。うつけ者と世評に名高い信長が、おびただしい鉄砲隊を率い、正装で会見場に現われたことに道三は驚愕《きょうがく》し、家臣の猪子兵助に「やがてわが子たちは、あのうつけの門前に馬をつなぐことになろう」と嘆息したという、有名な一シーンである。

天文二十三年、家督を斉藤義龍に譲り、自らは常在寺で剃髪、道三と号して鷺山城に隠居するが、それまでも続いていた息子義龍との不和が一層激しくなり、弘治元年（１５５５）、義龍は道三討伐の兵を挙げる。長良川河畔での親子の戦いは、圧倒的な兵力を持つ義龍軍の前に、娘婿信長の援軍も間に合わずに、道三軍は壊滅、道三は六十三年の生涯を終えた。道三の首は、いまは義龍軍に就いたが、かつては道三に愛された旧臣達によって手厚く葬られたという。

その後、斉藤氏は信長によって滅ぼされ、美濃は信長の手に落ちた。まさに道三の予言通りであった。

今川義元

（１５１９～１５６０）

［いまがわ・よしもと］
駿河、遠江、三河を領した戦国大名。海道一の弓取りといわれた。足利将軍家に連なる名門だが桶狭間で敗死。

　今川義元といえば、桶狭間で織田信長に討ち取られた凡将という印象が強いが、本来は、武の面では幼い時から仏門に入っていたため劣るかも知れないが、内政面では辣腕を振るい、家臣団の結束を強めるなど優れた行政改革を行い、また外交面でもしたたかな力量を見せ、海道一の弓取りといわれた、戦国でも屈指の武将である。

　駿河《するが》、遠江《とうとうみ》（静岡県）の守護大名今川家の第十一代当主。今川家は室町幕府足利家の分家であり、将軍家に後継者がいない時は吉良《きら》家より迎え、吉良家に人なくば今川家より迎えよ、と言われた名門中の名門である。

　永正十六年（１５１９）、今川氏親の五男として生まれた。幼名は芳菊丸。母は父の正室中《なか》御門《みかど》宣胤の娘寿桂尼。生まれた時、後継者としてすでに兄達がいたため、四歳で仏門に入れられる。その時の師が、生涯義元の参謀として側にいることとなった太原雪斉であった。

　ところが、天文五年（１５３６）、兄達二人が急死。兄と同腹であった義元に跡継ぎのチャンスが巡ってくる。

　重臣たちの意を受けた義元は還俗し、将軍足利義晴から義の一字をもらい義元と名のり、今川家当主の座に就く。

　天文六年には、父の代まで抗争状態にあった甲斐の武田信虎の娘を正室に迎えるとともに、武田氏と同盟を結ぶ。そして三河（愛知県）進出に本格的に動き出した。西三河の松平広忠の帰順を受け入れ、嫡男の竹千代を人質に迎える。後の徳川家康である。

天文十七年、今川の三河進出に危機感を抱いた尾張の織田信秀が侵攻してくるが、義元はこれを駆逐、松平氏の居城岡崎城を接収、三河を完全にその支配下に収めた。

さらに同二十三年には、嫡男氏真の妻に北条氏康の娘を迎え、甲相駿の三国同盟を結成。これによって後顧の憂いをなくした義元は、織田信秀の死によって混乱する尾張への攻勢を一段と加速させる。

やがて運命の日がやってくる。永禄三年（１５６０）、義元は駿河、遠江、三河の二万の兵で尾張への侵攻を開始。

この西上作戦は、武田信玄同様、京に旗を立てるためとも言われるが、義元には一門の主である足利将軍家にとって変わる意志などなかったに違いない。あくまで尾張を手に入れるための織田家討伐が目的だったであろう。

大高城（名古屋市）の救援のため、次々と織田方の諸城を落とした義元は、桶狭間で休息する。そして突然の豪雨の中、織田方の捨て身の急襲を受け、あえなく首を討ち取られる。享年四十二の若過ぎる死であった。

義元の死により後を継いだ氏真には人心を掌握する才もなく、家臣団は次々と離脱し、義元の死から九年後の永禄十二年、信玄と家康によって駿河を追われ、妻の実家である北条家に身を寄せるが、やがて家康の家臣となる。

江戸期には、今川氏は吉良氏と同様、高家《こうけ》旗本として幕臣に列するが、やはり公家文化に精通した名門ゆえ尊ばれたからだろう。

義元自らも公家《くげ》のようにお歯黒をつけ、薄化粧をして戦場におもむいたといわれるが、これは猛々《たけだけ》しい信長に比べるための後世の創作ともいわれる。

滝川一益

（１５２５〜１５８６）

［たきがわ・いちます］
織田家の重臣。数々の武勲を挙げるが、清州会議に遅れたため、不遇な晩年を送る。

織田信長の家臣滝川一益の信長に仕えるまでの半生は謎に包まれている。

伝承によれば、近江《おうみ》の国（滋賀県）甲賀郡の国人滝川一勝の子として大永五年（１５２５）に生まれる。幼名は久助。左近《さこん》将監《しょうげん》の名でも知られ、甲賀の生まれのため忍者であったともいわれる。

長年にわたって伊勢攻略を担当し、攻略後も北伊勢に広大な所領を与えられた。

幼年より鉄砲の術に長じ、その腕によって織田家に仕官したとされる。永禄十年（１５６７）と翌年の伊勢攻略の際には、その先鋒として活躍、さらに天正二年（１５７４）、三度目の長島一向一揆鎮圧には水軍を率いて参戦、海上から織田軍を援護する。

そしてこの功により、北伊勢八郡のうち五郡を信長より拝領した。

つづく天正三年の武田軍との長篠の戦いでは、得意の鉄砲隊の総指揮を執り、さらにその後の越前一向一揆鎮圧、天王寺合戦、紀州征伐などに参陣。功績を挙げて、柴田勝家、羽柴秀吉、明智光秀などとともに織田家重臣の一翼を占めるまでに出世する。

天正十年の甲州征伐では、軍監として武田勝頼を天目山に追い込み、自害させ、長年の宿敵であった武田家滅亡という大功績を挙げている。

その戦後処理として武田家の

領土は織田家臣に分割され、一益は上野《こうずけ》一国と信濃の小県《ちいさがた》郡と佐久郡を与えられ、「関東御取次」という役を命じられた。一益は上野箕輪《みのわ》城、さらに厩《うまや》橋《ばし》城（前橋市）に入り、関東鎮定の拠点とする。

　そして同年六月、信長の本能寺での横死という大事件が起こる。一益がその報を知ったのは事件五日後だった。

　ただちに一益は上野の諸将を集め、信長父子の死を告げ、重臣の反対を押し切って、

「われらはただちに上方に馳せ帰り、光秀と一戦して上様の恩に報いねばならぬ。この機に乗じ、一益の首をとって北条方に就こうとする者は遠慮なく戦いを挑め」

　と述べたという。

　その一週間後、すかさず北条氏直ら総勢五万六千の大軍が上野倉賀野に侵攻してきた。

　彼らとの戦いに手間取っているうち、上方では羽柴秀吉が毛利と停戦し、後世「中国大返し」と言われた離れ技で引き返し、山崎で明智軍を撃破してしまう。

　その後、信長の後継を決める清洲会議にも一益は参加出来ず、織田家中における一益の地位は急落した。

　会議によって三法師が織田氏の後継者となるが、三法師を擁立した秀吉に対し、織田信孝を支持する柴田勝家が反発、やがて賤ケ岳の戦いとなる。

　一益は勝家に与し、北伊勢の諸城を攻略するが、勝家は賤ケ岳で敗れ、自領の北ノ庄（福井市）で自害してしまう。残された一益は長島城に籠城して奮斗するが、力尽きて降伏、いままでの所領の全てを秀吉に没収されてしまう。

　その後、一益は丹羽長秀を頼り、越前で隠居生活に入るが、秀吉に呼び戻され、山上道及らとともにわずかの扶持で秀吉の外交を担うこととなったが、天正十四年に死去。享年六十二であった。

蜂須賀正勝
（１５２６〜１５８６）

［はちすか・まさかつ］
小六の名で知られる豊臣秀吉の重臣。功績により、子の家政が阿波徳島藩の初代藩主となる。

豊臣秀吉股肱《ここう》の臣の筆頭にあげられるのが蜂須賀正勝。通称の小六で知られる。矢作橋《やはぎ》の上で浮浪者に近かった秀吉と出会ったというエピソードが有名だが、創作であろう。

大永六年（１５２６）、尾張の蜂須賀郷を拠点とした土豪蜂須賀正利の長男として生まれる。蜂須賀家は、木曽川の水運を担う、川並衆と呼ばれた集団のひとつだった。天文二十二年（１５５３）、父の死を機に郷里を離れ美濃の斉藤道三に近侍する。道三の死後は一族の内乱を制した織田信長に仕えた。

永禄九年（１５６６）、秀吉の手になる墨俣《すのまた》一夜城の築城に参加。以降秀吉の与力《よりき》として活躍する。金ケ崎城攻略、姉川の戦い、横山城攻めなどで武功を挙げ、横山城が秀吉に任せられると正勝がその城代となったのを見ても、当時からいかに秀吉から重用されていたかがわかる。そして、天正元年（１５７３）、浅井氏を亡ぼした秀吉が長浜城主となると、正勝は秀吉の直臣となり、長浜領内に領地を与えられた。

天正十年、秀吉が毛利勢と戦っている最中に本能寺の変が起き、信長が非業の死を遂げる。いち早くその報を知った秀吉は、ただちに安国寺恵瓊《あんこくじえけい》と和睦を結ぶと、誓紙をとりかわし、陣を払い、すぐさま京に向かう。世に言う中国大返しである。そして明智光秀との山崎の合戦で勝利する。この時も正勝は大いに戦い、武勲を挙げた。続く翌年の信長の後継を争う柴田勝家との争いにも秀吉は勝ち、天下の主《あるじ》へと昇りつめる。

　天正十二年、前年からの病のため杉原家次が死去すると、正勝は家中での筆頭格の老臣となった。大坂城内に屋敷を与えられ、秀吉のよき相談相手を務めたという。当主の座も嫡男の家政に譲り、隠居生活に入った訳だが、その後の家康との小牧・長久手の戦い、紀州征伐にも子息の家政を影ながら支え、相変らずの健在ぶりを示した。

　とくに四国征伐においては、正勝は目付として出征し、秀吉から勝利の暁には阿波(徳島県)一国を与えるという内示を受けるが、隠居の身であることを理由に辞退したため、阿波は長宗我部氏との和議のあと子の家政に与えられた。

　しかし、正勝は翌年から病に臥し、京都で養生のあと大坂に帰るが、ほどなく死去。死ぬまで秀吉に尽くした一生だった。享年六十一。そして蜂須賀家の徳島藩は明治維新まで続く。

　講談や『絵本太閤記』などには蜂須賀小六は野盗の親分として面白く語られているが、明治になってからの蜂須賀家には面白い話がある。

　ある時、蜂須賀茂韶侯爵が明治天皇と談笑した際、天皇がトイレか何かで座をはずされた。目の前にあった当時は大変珍らしかった葉巻を、つい欲しくなった蜂須賀が一本失敬し、ポケットにしまってしまう。座に戻った天皇はすぐそれに気付き、「蜂須賀よ、先祖の血は争えないのう」とのたもうた。

　これに発奮した蜂須賀侯爵は、すぐに当時知られた歴史学者渡辺世祐に資料を徹底的に調べさせ『小六正勝伝』を書かせ、先祖は野盗ではなく、小さいながらもれっきとした城持ちの豪族だったこと世に知らしめた。それにしても明治天皇が、葉巻の数まで数えていたとは作り話にしても笑えるではないか。

酒井忠次

（１５２７～１５９６）

［さかい・ただつぐ］
家康の父松平広忠の代から仕える徳川家の重臣。徳川四天王の一人。

本多忠勝、榊原康政、井伊直政と並ぶ徳川四天王のひとり、というよりその筆頭とされる酒井忠次。家康第一の功臣といっていい。

大永七年（１５２７）、松平（徳川）氏の譜代家臣酒井忠親の次男として生まれる。酒井氏は松平氏の祖である親氏と兄弟といわれ、幾重もの深い血縁で結ばれている。忠次は家康にとって、父母双方の妹の夫、つまり義理の叔父ということになる。

忠次は元服のあと家康の父である松平広忠に仕え、まだ竹千代と呼ばれた家康が人質として今川家に赴いた時、従った家臣のひとりであった。年令も同行した家臣の中でも二十三歳と最高齢だったため、影に日に家康を支え、よき兄貴分として、のち天下人となる家康に生涯を尽くした。

永禄三年（１５６０）、桶狭間の戦いで今川義元が信長に討ち取られると、その間隙を縫って人質だった家康は独立、父祖の地岡崎城に入ると、忠次は家老となる。三年後に三河一向一揆が勃発すると、松平家臣団の多くが熱烈な一向信徒だったため家康に敵対するという、家康最大の危機が訪れるが、忠次だけは家康の側にあった。

さらに元亀元年（１５７０）の姉川の戦いではまっ先に朝倉軍に突入し、戦端の火蓋を切り、続く三方ケ原の戦い、長篠の戦いでも多くの戦功を挙げ、家康の信頼はますます厚くなった。

時を隔てた天正十二年（1584）の秀吉との小牧・長久手の戦いでも森長可を敗走させるなど、家康の戦いのほぼすべてに参陣し、活躍した。

　ただひとつ家康の機嫌を損ったのが、家康の嫡男の信康切腹事件である。長篠の合戦のあと、信康に嫁いでいた信長の娘五徳が、信長に夫信康とその母の築山殿が武田方に内通していると密告して来た。その弁明のため天正七年、大久保忠世とともに安土城の信長のもとに派遣されたのが忠次だった。

　しかし、忠次の必死の釈明も信長に通じず、信長は「信康を切腹させよ」と冷酷な断を下す。信長の報復を恐れた家康は断腸の思いで、信長の命の通りにするが、生涯、家康はこのことを悔いていたといわれる。後年、忠次がわが子の加増の件で家康に懇願した際、「そちも子が可愛いか」と皮肉を言われたという。この通説には疑問点も多く、信康の切腹は家康の意志であったとの説もあり、いまだに謎のままである。

　忠次は以後も家康の重臣として仕え、徳川家のため粉骨砕身したことを考えれば、やはりこの事件は家康の判断だったのかも知れない。

　天正十三年、同じく徳川家の宿老だった石川数正が豊臣秀吉のもとに出奔すると、忠次は徳川第一の重臣となり、朝廷からも家中で最高位の従四位下、左衛門督に任官される。

　そして、同十六年に長男の家次に家督を譲って隠居するが眼病にかかり、ほとんど盲目に近かったという。慶長元年（1596）、京都桜井屋敷で死去、七十歳だった。幼少の頃から家康に仕え、功なり名を遂げた生涯だった。

　家督を継いだ家次は下総《しもうさ》臼井藩三万石から越後高田藩十万石となり、その子孫は出羽（山形県）庄内藩十七万石と譜代大名屈指の大身として明治維新まで続いた。

斉藤義龍（1527〜1561）

[さいとう。・よしたつ]
美濃稲葉山城主。「まむし」と恐れられた道三の子。道三と長良川で戦い勝利。

美濃《みの》の国（岐阜県）の斉藤家第二代当主。父はもちろん「まむし」と恐れられた戦国の梟《きょう》雄《ゆう》斉藤道三である。

大永七年（1527）、道三の長男として生まれる。母は側室の深芳野《みよしの》。通説によると、深芳野はもともと美濃守護土岐頼芸の側室であったのを、道三に譲られた経緯があり、道三の側室となった時には、すでに頼芸の子を宿していたという。つまり義龍は道三の子ではなく、道三の主筋の頼芸の子だという。そしてこのことが、道三父子の確執のもとであり、道三との戦いの原因だったといわれるが、信憑性は乏しい。

いずれにしても道三は義龍を「耄者《ほれもの》」（愚か者）とののしり、正室の小見の方を母とする弟の孫四郎や喜平次を賞め讃えたというから、よほど嫌っていたのだろう。道三は娘婿の織田信長に惚れこみ、「死んだあとは美濃一国を進呈する」とまで言っている。

天文二十三年（1554）、父道三が隠居したため、義龍は家督を継ぎ稲葉山城主となるが、この道三隠居も自発的なものではなかったらしい。戦国の武将らしく戦争に明け暮れし、領国の経営には意を注がなかった道三を見限った家臣たちが、秘かに押し進めた交代劇だったという見方もある。

また『信長公記』などにはこの記述はなく、道三は隠居していないという説も有力である。

ともあれ、道三が稲葉山城を出て、ふもとの鷺山城に移ったことは確かである。

そして、その翌年の弘治元年（1555）、義龍は、叔父の長井道利と謀り、弟の孫四郎、喜平次らをおびき出して殺害してしまう。さすがの道三もこれには仰天し、翌弘治二年、長良川で義龍軍と対峙するが、明智氏などのほか道三方に就く味方は少なく、激戦の末、道三の命は絶える。信長も義父救援のため、軍を率いて駆けつけるが、すでに戦は終わったあとだった。

その後、義龍は政治にも宿老たちの合議制を取り入れ、長年の内乱で疲弊した美濃の復興に努めた。相変らず織田との戦闘は続くが、義龍は京都の足利第十三代将軍義輝から一色氏を称することを許され、一色左京大夫を名のる。

父殺しの汚名を雪《すす》ぐため足利一門に連なる一色氏に改名したと思われるが、母である深芳野の祖父が、かつて尾張知多郡守護の一色義遠であったためとも言われる。

永禄元年（1558）に治部大輔に任官し、翌年には室町幕府の相伴《しょうばん》衆に列せられた。相伴衆は足利将軍家の勢いが盛んな頃は、幕府の重要な役のひとつで、将軍の主な行事に随従する人々であったが、この頃には新興の戦国大名に与えられる名誉職の色合いが濃くなっていた。

北条氏康、毛利元就、今川氏真、尼子晴久などに与えられたものだが、それにしてもこれによって斉藤氏の格も上がったといえよう。しかしその二年後、義龍は急死する。わずか三十五歳だった。

後を子の龍興《たつおき》が継ぐが、もう斎藤氏は織田信長の敵ではなかった。永禄六年に竹中重治（半兵衛）らの活躍により一度は織田軍を破るが、永禄十年には稲葉山城は信長の手に落ち、戦国大名斉藤氏はわずか三代で滅亡した。

大久保忠世

（1532〜1594）

［おおくぼ・ただよ］
徳川家康の重臣で、四天王の一人。小田原藩初代藩主。慈悲深い人柄で慕われた。

天下を取った徳川家康の重臣で、小田原城の城主。戦場では常に先鋒を務め、阿修羅の如く暴れまくるが、平時は部下を愛し、慈しむという、徳川家随一の人望家だった。大久保忠世の下でみんな死にたいと願ったという。

天文元年（1532）、大久保忠員の長男として誕生した。大久保家は、家康の祖父松平清康からの臣下で、忠世の家はその大久保家の支流ながら、戦いのたびに大手柄を挙げ、本家の忠俊家をしのぐようになり、主君家康の信頼も厚かった。

永禄六年（1563）の三河一向一揆の際には、徳川家譜代の多くが信仰心厚く、一揆側についたが、忠世は一貫して家康のもとにあって奮戦し、徳川家最大の危機を救った。

武田家滅亡のきっかけとなった長篠の戦いでも、三百の鉄砲隊を率いて、弟の忠佐や与力の成瀬正一らと共に大活躍し、織田信長からは「よき膏薬《こうやく》のようだ。敵にくっついて離れない」とユーモラスな賞賛を受けている。

こんなエピソードもある。天正元年（1573）、遠江の犬居城を攻略した時、忠世は崖下に転落してしまった。崖上には敵兵三人が待ち構えている。忠世は這い上ると、三人が同時に刀をふり上げた間隙をついて、一瞬のうちに三人の両股を斬った。以来その刀は「六股」と名づけられ、大久保家の家宝となったという。

　また長篠の戦いのあと、忠世は家康に武田方から奪った二俣城の城主に任じられ、再びの武田方の来襲にそなえ、大改修を行った。そのため、二俣城はその後の武田側のたびたびの来襲にも落城しなかったほど見事な改修だった。この二俣城は、家康の長男松平信康が、若くして家康に切腹させられた因縁の城としても知られる。

　天正十年の本能寺の変のあと、家康は甲斐・信濃に勢力を拡大するが、忠世も信州惣奉行として活躍、大いに名を上げる。しかし天正十三年の上田合戦には、鳥井元忠らと参戦するが、さすがに戦功者の真田昌幸の前に敗れている。

　また忠世の武功のひとつとして三方ケ原の戦いのあとの活躍がある。家康、生涯唯一の負け戦として有名な三方ケ原の戦いが終ったあと、味方を励ますため、忠世は天野康景とともに武田の陣のあった犀ケ崖を夜陰に乗じて銃撃し、混乱に落とし入れ、敵将信玄に「勝ちてもげに恐ろしき敵かな」と賞賛されたという。

　この話は忠世の弟大久保忠《ただ》教《たか》が著した『三河物語』に書かれているため、ホラ話かも知れない。大久保忠教は、通称彦左衛門として有名。映画やドラマでよく登場する駿河台のご隠居で、「天下の御意見番」として大だらいにのって登城、将軍家光に堂々と物言える人物として描かれているから多くの方はご存知であろう。

　太平の徳川の世になってから彼の著書『三河物語』が当時の体制に不満のあった武士たちに支持され、忠教はヒーローとして持てはやされた。そんな忠教の書であるから、多くは誇張があったという。

　小田原の北条氏滅亡のあと、忠世は秀吉の助言もあって小田原城四万五千石の城主となった。そしてその四年後に死去。家督は嫡男忠隣が継いだ。

織田信長

（1534～1582）

［おだ・のぶなが］
日本の近世の扉を開いた革命児。志半ばで京都本能寺で明智光秀の謀反に遭い自決。

　戦国乱世を終わらせ、天下統一を目指した革命児。志《こころざし》半ばで家臣明智光秀の謀反のため京都本能寺で斃《たお》れた悲劇の武将でもある。しかしその志は部下の豊臣秀吉に受け継がれ、さらに徳川家康の手で天下は平定された。日本人の好きな歴史上の人物の調査では、つねにベストスリーに入っていて、小説、映画、テレビにも数多く登場し、いまさらその生涯は語るまでもないかも知れない。

　織田信長は天文三年（1534）、尾張（愛知県西部）の一地方領主織田《おだ》弾正忠《だんじょうのじょう》家《け》の当主織田信秀の嫡男として生まれた。母は土田御前。幼名は吉法師。別名は三郎、上総介《かずさのすけ》、右太将、右府。幼い時から青年期までは「尾張の大うつけ」と呼ばれていたが、弾正忠家の家督を継いだ後は、尾張守護代の織田大和守家、織田伊勢守家を滅ぼし、さらに弟の信勝（信行）を謀殺して、尾張の統一を達成することになるが、それは後のことである。

　天文十七年、父信秀が敵対していた美濃の大名斉藤道三と和睦すると、その証《あかし》として道三の娘濃姫と信長との婚儀が成立した。そして天文二十一年、父が没すると信長は家督を相続、上総介信長と称するようになったという。

　翌年、父の葬儀の際の信長の無礼を諫言《かんげん》した宿老の平手政秀が、責任を取って自害。信長は嘆き悲しみ、政秀寺を建立、その霊を弔った。

政秀の死から三ケ月後、信長と義父斉藤道三との会見が、富田の正徳寺で行われた。尾張の大うつけを一目見たいという好奇心と信秀亡き後の尾張の情勢を握む意図で、道三の方から申し込んだ会見だった。信長は道三の謀略の可能性もあるにも関わらず、迷うことなく承諾したという。

まず道三は町はずれの小屋に隠れ、信長の行列をのぞき見する。その時の信長の格好は、父の葬儀の際と同じ髪は茶せん、湯帷子《かたびら》を袖脱ぎにし、大刀をわら縄で巻き、さらに太い麻縄で腰を巻き、そこに火打袋やひょうたんをぶら下げ、袴《はかま》は虎と豹の皮を四色に染めわけた半袴といういで立ちだった。

だが道三の度胆を抜いたのは、七百人の部下たちに三間半の朱槍五百本、鉄砲五百挺を持たせていたことだった。わずかその十年前に伝来した鉄砲を、これだけ揃えられるということは、莫大な財力がなければ到底不可能なことだった。

道三の家臣たちが見守る中、悠然と境内に入った信長はすぐさま屏風《びょうぶ》を立てると、髪の毛をととのえ正装を身につけ、見事な若武者へと変身した。道三と信長は挨拶のあと、湯漬けを食べ、盃をかわし、大いに語り合ったという。

美濃への帰り道、道三の近習の猪子兵介が「信長は評判通りのうつけでしたな」というと、道三は「やがてわが息子たちは、あのうつけの門前に馬をつなぐことになろう」と言ったという有名な話は道三の項でも述べた通りである。

ともあれ、信長に惚れこんだ道三は、自分が死んだら美濃一国を進呈するという誓紙まで書くが、弘治二年（１５５６）、子の斉藤義龍との戦いで敗死してしまう。信長は道三救援のため木曽川を越え出陣するが、すでに戦いは終っていた。

信長のうしろ立てと思われた

美濃の斉藤道三が死ぬと、時をうつさず、弟の信勝が宿老の柴田勝家、林通勝らにかつがれ謀反を起こした。両者は稲生《いのう》（名古屋市西区）で激突するが、信長の勝利で終わる。

　この時は二人の生母土田御前の中立ちで信勝、勝家は無罪放免となるが、永禄元年（１５５８）、信勝は再び兄に反旗を翻した。この時は、逆に勝田勝家からの密告で知った信長が、仮病を使って信勝を清洲城に誘い出し誅殺してしまう。

　二年後の永禄三年、駿河（静岡県）の今川義元が尾張侵攻を開始。その数は四万五千とも言われる大軍であった。兵数千の織田軍は雨の中、奇襲作戦を敢行し、見事に敵将義元の首級を挙げる。信長の天下取りのスタートと呼んでいい桶狭間の戦いである。

　永禄八年、犬山城の織田信清を下し、ついに信長は尾張統一を達成する。さらにこの年、境界を接する甲斐（山梨県）の武田信玄と同盟を結び、信玄の四男勝頼と自身の養女龍勝院との婚姻を成立させた。それ以前、永禄四年には北近江の浅井長政に妹お市を嫁がせ、同盟を結んでいる。

　永禄十年、信長は斉藤義龍の後を継いだ龍興を破り、美濃を併呑、稲葉山城に居を移し、斉藤氏の城下の井ノ口を岐阜と改めた。同時に「天下布武」の朱印を使用し始めている。

　当時、京都では室町将軍足利義輝が殺害され、還俗した弟の義昭が次期将軍を目指していた。永禄十一年、信長は義昭を奉戴《ほうたい》し上洛。義昭を十五代将軍に就任させる。

　しかし、信長と幕府との二重政権は永くは続かず、義昭が諸大名に信長追討の書簡を送り出したため、元亀四年（１５７３）、義昭は京都から追放されてしまう。将軍不在のまま、信長は天下人への道を歩み始める。

　元亀から天正への改元を実現させると、信長は敵対していた浅井長政、朝倉義景、三好義継など旧勢力を滅ぼすことに成功し、天正三年（１５７５）、最大の敵、武田氏を長篠の戦いで戦砲を駆使した戦略で打ち破ると、右近衛大将に就任、室町幕府に代わる織田新政権の構築に乗り出した。

　翌年には安土城築城を開始。同時に信長に叛いた荒木村重、松永久秀、別所長治らを粛清すると、天正八年、長きにわたった石山本願寺との合戦に決着をつける。

　その翌年には京都で大規模な馬揃えを行い、天下人信長の威容を市民たちに印象づけた。

　天正十年、武田勝頼を天目山で自害に追い込むと、東日本の大名たちのほとんどは信長に従属することとなった。残るは四国の長宗我部、中国の毛利、九州の島津だけとなる。そして羽柴秀吉からの要請で、毛利討伐の陣頭指揮を執るため、安土城を出発。途中、京都の本能寺で宿泊していた時に、重臣の明智光秀の謀反によって波瀾の生涯を終える。天正十年六月二日未明のことだった。

　その四ヶ月後、羽柴秀吉によって京都大徳寺において信長の葬儀が盛大に行われた。

　余談になるが、この本能寺の変という日本史上でも有名な出来事には多くの謎がある。まず信長の遺体がなかったことだ。光秀も遺体を探しまわったが見つからず、京都の山崎で光秀を破った秀吉もあらためて遺体を探させたが、やはり見つからなかった。そのため大徳寺の葬儀では等身大の木像を作って焼き、その灰を遺灰の代わりとして骨壷に入れたという。

　また真犯人は光秀単独ではなく、そのうしろに黒幕がいるとか、秀吉説とか、家康説とか、はてはイエズス会説とか、諸説がある。中には信長は生きていて、火傷で人前に出られる顔でなくなったため、秀吉が死ぬまで匿《かくま》っていたという珍説まである。

豊臣秀吉

（１５３６〜１５９８）

［とよとみ・ひでよし］
足軽の子から天下人となった英傑。晩年の朝鮮出兵で汚点を残す。

尾張の最下層の出身ながら日本中の大名を臣従させ、天下統一を果たした稀有な人物が豊臣秀吉である。墨俣の一夜城、金ケ崎の退き口、高松城水攻め、中国大返し、山崎の戦い、小田原征伐など、秀吉の生涯は絵本を始め、多くの小説、映画、テレビなどでよく知られている。

天文六年（１５３７）、秀吉は尾張の国愛知郡中村郷（名古屋市中村区）で、足軽と伝えられる木下弥右衛門、なかの子として生まれた。実父木下弥右衛門や養父の竹阿弥《ちくあみ》は足軽どころかさらに下の階級とも言われ、はっきりしない。さらに竹阿弥は実父であるとか、秀吉は私生児であるなどの記録もある。

一般に流布されている説によれば、木下弥右衛門の死後、母なかは竹阿弥と再婚するが、秀吉は竹阿弥と折合いが悪く、十五歳の時、わずかな金を懐に家出、針売りなどをしながら放浪したという。木下藤吉郎と名のり、はじめ今川氏の陪臣松下加兵衛に仕え、天文二十三年（１５５４）頃から織田信長に小者として仕える。信長の草履《ぞうり》取りをしていた際には、草履を懐で温めておいてから差し出して信長を大いに喜ばせた。秀吉の生涯でも有名な逸話である。

永禄四年（１５６１）、浅野長勝の養女ねねと結婚。のちの北政所《きたのまんどころ》である。秀吉の名が現われる最初の史料は永禄八年の坪内利定あての安堵状であり、そこに木下藤吉郎秀吉の副署がある。すでに秀吉が信長の有力な部将のひとりとして認められていた証拠といっていい。

　そして織田家で秀吉の名が大きく挙がるのは永禄九年の墨俣一夜城の建設である。美濃の斉藤氏攻略のため、長良川西岸の墨俣に、たった一夜で礎いたと言われるが、後世に誇張された話に違いない。この時、秀吉に協力したのが、のちに配下となる蜂須賀小六や前野将右衛門ら土地の土豪たちだった。

　元亀元年（1570）、越前（福井県）の朝倉義景討伐の際にも、金ケ崎で信長の妹婿の浅井長政の裏切りに会い、背後から急襲されるという、信長の絶体絶命の際にも、自ら買って出て殿《しんがり》を務め、見事な采配を振るった。天正元年（1573）、浅井氏が滅亡するとその旧領北近江三郡の地が秀吉に与えられ、今浜の地を長浜と改め、長浜城に入り、初めて城持ちの大名となる。そして近江から広く人材を募り、その中に石田三成や、のちの五奉行となる長束《なつか》正家、増《まし》田《た》長盛らがいた。

　天正五年、信長から毛利氏の勢力下にあった中国攻めを命ぜられると、小寺孝高（黒田官兵衛）から姫路城を譲り受けて、ここを中国攻めの拠点とする。以後、官兵衛は秀吉の知恵袋としての天下取りを目指してともに歩むこととなった。同八年には織田家に反旗を翻した三木城主別所長治を二年にわたる兵糧《ひょうろう》攻めの末、これを降《くだ》し、十年には備中《びっちゅう》（岡山県）に侵攻、高松城を水攻めに追い込む。金と時間がかかっても必ず敵に勝ち、しかも味方の兵力を損わない、秀吉得意の戦術がいかんなく発揮された。

　勝利が近いと見た秀吉は、主君信長に花を持たせようと救援を乞う。そして、その途中、天下をゆるがす大事件が起こる。天正十年六月二日未明の本能寺の変である。

　いち早く事件を知った秀吉は、清水宗治の切腹を条件に毛利方と講和し、のちに中国大返しと呼ばれた迅速な行軍で京都に引き返し、京都郊外の山崎で明智光秀を討ち果たし、京都における支配権を握った。

六月二十七日、尾張清洲城で信長の遺領の分割と後継者を決める会議が開かれる。三谷幸喜監督『清須会議』のモデルとなった清洲会議である。信長の三男信孝を押す柴田勝家に対し、光秀討伐という大義名分を得た秀吉は信長の嫡男信忠の遺児三法師を推し、丹羽長秀、池田恒興らを味方につけて勝利。信長なき織田家中は秀吉を中心に動くようになる。一層対立が激しくなった勝家を翌年、賤《しず》ケ《が》岳《たけ》で打ち破り、居城北ノ庄（福井市）に追い込むと、勝家は城に火を放ち、妻のお市の方と自害。

こうして織田家最大のライバルを葬った秀吉は、織田家中第一の地位を確立、天下人への第一歩を踏み出した。

しかし、その前に立ちはだかったのが、着実に力をつけて来た徳川家康だった。天正十二年、信長の次男信雄と組んだ家康相手に小牧・長久手の戦いが始まる。戦いは一進一退を繰り返し長期に渡るが、勝敗はつかず、その間、秀吉は同志の池田恒興、森長可を失ってしまい、最後は家康が次男の秀康を人質として差し出して和睦。この戦いの終結で、秀吉は織田政権最高の地位から自らの豊臣政権の主として日本国に君臨することとなった。

天正十三年には朝廷から関白の宣下を受け、翌年には豊臣の姓を賜り、太政大臣に就任、武家のみでなく秀吉は公家《くげ》の世界でも頂点を極める。

そして長宗我部元親によって統一しかけた四国を十万の大軍で平定、元親を土佐一国に押し込めると、大友氏救援を理由に九州に出兵、島津氏を攻略し九州を平定する。九州を平《たいら》げたあと、秀吉は京都の北野天満宮において、千利休、津田宗及、今井宗久らを茶頭として大茶会を開催。秀吉の世となったことを世間に印象づけた。

　さらに天正十五年、平安京大内裏あとに朝臣豊臣氏の本邸を構え、聚楽第《じゅらくだい》と名付け、翌年には後陽成天皇を迎え、誰の眼にも秀吉は日本の国王の地位に昇ったことを認識させた。

　天正十八年には全国平定の総仕上げとして、小田原攻めを開始。二十万という大軍で小田原城を包囲すると、三ケ月の籠城の末、天下の名城小田原城も落ち、北条氏は滅亡。ようやく戦国の世は終った。秀吉は関白の地位を甥の秀次に譲り、自らは太閤と呼ばれるようになる。

　そして、秀吉晩年の愚挙といわれる「唐入り」、つまり文禄・慶長の役を決行。文禄元年（１５９２）、宇喜多秀家を指揮官とする十六万の大軍を朝鮮に出兵。初戦は日本軍の快進撃が続いたが、明の援軍が到着すると戦況は膠着状態となり、翌年に明との講和交渉が開始されるが決裂してしまう。

　慶長二年（１５９７）、秀吉は作戦目標を変更して、再び小早川秀秋率いる十四万の軍を朝鮮へ派遣。異国の地で苦戦しながら日本軍は蔚山《うるさん》城の戦いで明・朝鮮軍を大破。勢づいた秀吉は、慶長四年には再出兵による大規模な攻勢を計画するが、その前年の八月、波瀾万丈の六十一年の生涯を終える。

　豊臣家の家督は、織田信長の妹お市の長女で秀吉の側室茶々の生んだ秀頼が継ぎ、五大老、五奉行の合意で朝鮮からの撤兵が決定され、全軍が朝鮮半島から撤退した。

　そして、主《あるじ》を失った豊臣政権内では、疲労困憊《こんぱい》で帰国した加藤清正ら西国大名たちと、石田三成ら国内にいて指揮していた五奉行たちの対立が激化。

　それをうまく利用した五大老筆頭の徳川家康が動き出し、次の天下人への布石を次々と打ち込んで行った。そして日本を二つに分けた関ケ原の戦いへと発展して行くのである。

池田恒興（１５３６〜１５８４）

［いけだ・つねおき］
織田信長の部将で、信長と乳兄弟。家康との小牧・長久手の戦いで、惜しくも戦死。

尾張織田家の重臣で本能寺の変で急死した織田家の後継を決める清洲会議に、柴田勝家、羽柴秀吉、丹羽長秀とともに出席したひとりである。

天文五年（１５３６）、池田恒利の子として生まれる。通称は勝三郎、晩年に出家し勝入と号した。母は養徳院。父の恒利は早くに死去し、母の養徳院は織田信長の乳母《うば》であり、のちに信長の父信秀の側室となった。

小さい頃から小姓として信長に仕え、行動をともにする。桶狭間の戦いで武名を挙げ、元亀元年（１５７０）の浅井・朝倉軍との姉川の戦いでは獅子奮迅の活躍をし、家中随一の猛将といわれ、その功により犬山城を与えられた。以降も長島一向一揆征伐、比叡山焼きうちなどでも活躍する。

さらに恒興が名を挙げるのは花隈城の戦いである。信長から謀反の疑いをかけられ、有岡城、続いて尼崎城を追われた荒木村重が「最後の砦」として逃げこんだのが花隈城だった。

追撃してきた恒興と嫡男の元助、そして次男の輝政は花隈城を囲むように陣取った。

天正八年（１５８０）の第一回の戦いは乱戦になったが、勝敗はつかず両軍兵を引いた。四ケ月後の第二回の戦闘では、大手門周辺で、池田輝政軍が仕掛け、これに父や兄の軍も加わり、池田勢の圧倒的勢力を前に、ついに花隈城は落ち、村重は毛利を頼って逃げ、池田方の大勝利となった。

　その功により花隈城は、恒興に与えられるが、恒興が新たに兵庫城を築城したため、花隈城は廃城になり、現在は公園となって市民の憩いの場となっている。

　天正十年の本能寺の変で信長が明智光秀に討たれると、恒興は中国大返しで京に引き返してきた羽柴秀吉軍に合流。光秀との山崎の戦いで、五千の兵を率い、右翼先鋒に陣をかまえて光秀軍を撃破。その活躍で恒興は織田家の宿老たちと肩を並べる地位にまで上りつめる。

　清洲会議では秀吉、丹羽長秀とともに信長の嫡孫三法師（のちの織田秀信）を擁して柴田勝家に対抗した。そして、勝家との賤ケ岳の戦いで秀吉が勝利すると、美濃で十三万石を拝領し、大垣城主となった。

　そして天正十二年、家康と秀吉との小牧・長久手の戦いが始まるが、去就を注目された恒興は秀吉方として参戦、これが恒興最後の戦いとなった。犬山城を落としたあと、家康の本拠三河に入ろうとするが、鞍に銃弾を受けて落馬、敵兵の槍を受けて戦死。享年四十九。

　この戦いで、長男の元助、娘婿の森長可もともに討ち死にしてしまう。遺体は遠江の新居に葬られたが、のち改葬されて京の妙心寺に移された。

　戦いが始まる前、恒興は秀吉から勝利の暁には尾張一国を与えると約束されていたという。惜しい死であったが、家督を継いだ次男の輝政は、その後、家康から播磨五十二万石を与えられ、姫路城に入った。

　豊臣方の大坂城と西国の外様大名を監視し、防波堤とする役割だった。

　輝政はさっそく姫路城を大改修し、天下の名城といわれる姿にする。白鷺城と別名されるこの城は明治になっても現存し、国宝となり、そして世界遺産となったことは、ご存知の通りである。

本多正信

（１５３８〜１６１６）

[ほんだ・まさのぶ]
徳川家康の知恵袋といわれた。最側近として徳川幕政を動かす。

天下人となった徳川家康から「朋友《ほうゆう》の如し」と言われ、その懐刀として重きをなした本多正信の半生は、決して平坦なものではなかった。

天文七年（１５３８）、本多俊正の次男として三河の国に生まれる。家康に仕えた最初は鷹匠としてであった。桶狭間の戦いには、当時まだ今川義元の配下であった家康に従い従軍、膝を負傷し、そのため生涯足を引きずるようになったという。

永禄六年（１５６３）、三河一向一揆の際には、家康を見限って一揆側に加担する。やがて家康によって一揆が鎮圧されると、帰る所のなくなった正信は三河を出奔、諸国流浪の旅に出る。この旅によって正信の情報収集力、分析力が大いに培われたといっていい。それは武勇一辺倒の三河武士団にはない特殊技能だった。また一向一揆側と深く関った正信の経験も、天下を掌握した家康にとって役立つものだった。

出奔した正信はまず大和《やまと》（奈良県）の松永久秀に仕えるが、やがてそこも去って本格的に諸国を放浪する。石山本願寺とともに信長と戦っていたという説もあるが、この間の正信の行動は謎に包まれていて確かめようがない。

やがて大久保忠世を仲介に、家康への帰参を願い出て許されるが、家中からの反発は並ではなかった。不忠者、裏切り者と罵倒されるが、さすが家康は正信の才を見抜き、側近として重用した。

　天正十年（１５８２）の本能寺の変のあとの家康の伊賀越えにも同行。その後、家康が旧武田領併合を進めると、奉行を任せられた正信は、本領安堵を条件に武田家臣団を味方につけ、彼らを徳川家臣団に組み入れるという大事業を成し遂げ、その能力を最大限に発揮する。

　そして実際、甲斐・信濃の統治も担当した。天正十八年の小田原征伐のあと家康が関東に移ると、正信は相模《さがみ》の玉縄で一万石を与えられ大名となる。

　慶長五年（１６００）の関ケ原の戦いでは徳川秀忠軍に従い、中山道から関ケ原を目指すが、信濃の上田で真田昌幸軍に阻まれ遅参。関ケ原に到着した時にはすでに戦いは終わっていた。

　この時、秀忠に上田城攻めを中止するよう正信は進言するが、容れられなかったといわれる。あとで家康から、「そちがついていながら」と愚痴を言われたというが、それほど家康の信頼も厚かったのだろう。

　慶長八年、家康が征夷大将軍を宣下され、江戸に幕府を開くと、正信は最側近として幕政を実際に動かすようになる。いまでいえば首相の地位である。

　家康と正信は、多くの言葉を交わさずとも、お互い心の奥底まで見抜くことができたという。それを裏づける逸話も数多く残っている。

　二年後、家康が隠居し、大御所となり駿府（静岡市）に移り、三男の秀忠が第二代将軍となるが、正信は江戸にとどまり相変らず幕政に参画、秀忠の良き相談相手となった。

　元和二年（１６１６）四月、家康が死去すると、正信も家督を嫡男の正純に譲り隠居、一切の政務から離れるが、同年六月に死去。主君の家康に遅れることわずか二ケ月であった。まさに主君家康とともに歩んだ生涯といえる。

徳川家康（１５４２～１６１６）

［とくがわ・いえやす］
信長、秀吉のあとを受けて、徳川幕府を開き、初代征夷大将軍に。300年にわたる太平の世を作る。

日本史上稀にみる戦争のなかった泰平の世を礎いた江戸幕府の初代征夷大将軍。織田信長が近世の扉を開き、豊臣秀吉が天下を統一したあと、三百年に及ぶ幕藩体制の基礎を作りあげた英傑が徳川家康である。

天文十一年（１５４２）、三河の国（愛知県東部）の小領主松平広忠の嫡男として岡崎城で誕生する。母は水野忠政の娘於《お》大《だい》（伝通院）。幼名は竹千代。旧名は松平元康。本能寺の変を機に今川氏から独立した際、今川義元からもらった「元」の字を返上して家康に改める。

天文二十四年、人質となっていた今川氏の下で元服し、義元の姪で関口親永の娘瀬名（築山殿）と結婚。永禄元年（１５５８）、今川氏に叛いた寺部城主鈴木重辰を攻め、初陣を飾り、義元に認められた。

同三年の桶狭間の戦いでは、今川軍の先鋒《せんぽう》として、織田方の丸根の砦《とりで》を攻め落とすなど戦功を挙げる。大高城で休息中に、義元討ち死にの報を受けると、前途を悲観した家康は、松平家の菩提寺であった大樹寺に入り自害しようとするが、住持の登誉天室に諭《さと》され、今川が放棄した自分の城、岡崎城に帰城し、以降今川から離れて独自の軍事行動をとる。これには、義元のあとを継いだ氏真の怒りは激しく、後々まで「松平逆心」「三州錯乱」などと憤りを見せている。永禄五年には今川と断交し、織田信長と清洲同盟を結ぶ。

しかし、永禄七年、若き家康最大の危機と言われる三河一向一揆が勃発。家臣の多くが家康のもとを離れ一揆側に加担した。苦心の末にこれを鎮圧すると、次に家康は今川氏との攻防戦に注力する。そして永禄九年までには東三河、奥三河を平定し、ようやく三河統一を果たした。永禄九年には朝廷から従五位下三河守に叙任されると、「徳川」に改姓する。

　元亀元年（１５７０）、家康は岡崎から遠江の曳馬《ひきま》に移ると、そこを浜松と改め、浜松城を築き、以降ここを本城とする。落魄《らくはく》の今川氏真も浜松に迎え、庇護するという情の深さも見せている。また、金ケ崎の戦い、つづく姉川の戦いでもよく信長を助け武勲を挙げている。

　さらに信長によって将軍職に就けてもらいながら、その後、信長と反目した足利義昭が、武田信玄、朝倉義景、浅井長政ら反織田勢力を糾合して包囲網を企てた際、家康にも副将軍への就任を餌《え》に協力を求めてきたが、家康はこれを黙殺、信長との同盟を律儀に守り通した。

　元亀三年、武田信玄は西上作戦を開始。京に風林火山の旗を立てるべく甲府を出発、まず遠江・三河への侵攻を始めるが、家康は三方ケ原で打って出る。だが織田軍の救援は間に合わず、見事に敗北を喫した。家康唯一の負け戦と言われる。しかし、武田軍は信玄の急死により、甲府へ撤兵した。

　武田軍の西上作戦の頓挫により信長は一気に盛り返し、反対の勢力を撃滅し、天正三年（１５７５）の長篠の戦いでは、武田の騎馬軍団を鉄砲隊で完膚なきまでに叩いた。この頃から徳川と織田の関係は対等でなくなり、家康は信長を頂点とする織田政権の一大名となった。

　天正六年、家康の正室築山殿と嫡男の信康が武田方に内通しているという疑いで、家康は信長から詰問を受ける。弁明の使者に立った酒井忠次が事実と認めたので、信長は両人の殺害を命じた。当時の状況からみて信長に叛くことは不可能と判断した家康は、築山殿を殺し、信康を切腹させる。この事件は、家康終生の悔恨《かいこん》事《じ》となった。

その信長も天正十年、本能寺の変で明智光秀の手によって非業の死を遂げる。信長の招きに重臣数名を連れて安土城を訪れ、豪華な饗応を受けた帰り道、堺を遊覧中のことだった。

狼狽し、信長の後を追って死を覚悟した家康だったが、本多忠勝に説得され、服部半蔵らの誘導で伊賀の山道を越え、伊勢から海路で無事三河に帰り着いたという。

その三ケ月前に、天目山で武田勝頼が自害し武田氏が滅亡。つづく信長の死で、領主のいない空白地帯となった各地で反乱や争奪戦が起きるが、この天正壬午の乱を制した家康は甲斐、信濃を掌中に収め、甲斐、信濃、駿河、遠江、三河の五カ国を領する大大名にのし上がった。

一方、京都では、毛利との和睦をまとめ、電撃の勢いで引き返した秀吉が、山崎の戦いで明智光秀を撃破し、信長の後継を決める清洲会議を牛耳って、信長の嫡孫三法師を後継者とし、自らは後見役を買って出る。つづく賤ケ岳の戦いで宿老筆頭の柴田勝家を破り、完全に織田家中を手中に収めた。そして家康と秀吉の対立は、やがて小牧・長久手の戦いへと発展する。

天正十二年、信長の後継争いで秀吉に敗れた信長の次男信雄の要請を受けた家康は尾張小牧に着陣。秀吉率いる羽柴軍は犬山城を陥落させると三河に出兵、長久手で両軍は激突。羽柴軍は森長可、池田恒興の二将を失うという死闘だった。しかし、この戦いは両軍の前面衝突のないまま推移し、外交戦の様相を呈して行った。そして秀吉優位の形で和議となる。

だが戦闘は徳川軍の勝利であり、のちに、「家康公の天下取りは大坂（の陣）にあらずして関ケ原にあり。関ケ原にあらずして小牧にあり」といわれたほどの大勝利だった。

しかし、秀吉は朝廷から関白に補任され、ここに豊臣政権が確立する。天下人となった秀吉は、家康を京に招くが、家康はなかなか腰を上げない。ついに最後の懐柔策として秀吉は、実妹の朝日姫を夫と離縁させて家康の正室に差し出し、さらに生母の大政所《おおまんどころ》まで岡崎に送り込んだ。

こうして家康は秀吉に屈することとなり、大坂城において謁見、並みいる大名の前で豊臣氏に臣従することを表明した。

天正十八年、小田原征伐に参陣。北条氏が滅亡すると、秀吉に領国五カ国を召し上げられ、代わりに北条氏の関八州に移封される。縁の深かった三河を失うのは残念だったが、百五十万石から二百五十万石へと類のない大幅な加増だった。

秀吉の推挙により内大臣に任じられ、以降、江戸の内府と呼ばれ、五大老の筆頭として前田利家とともに豊臣政権を支えた。秀吉の無謀な戦いであった朝鮮出兵で西国大名たちは疲弊するが、留守を預った家康は、兵力消耗を免れ、その力はますます盤石となって行った。

慶長三年（１５９８）、太閤秀吉が死去。そして慶長五年、加藤清正らと結んだ家康に石田三成が挑むという関ケ原の戦いが起こる。日本を東西に分けたこの大戦《おおいくさ》で家康は勝利。慶長八年、家康は征夷大将軍の宣下を受け、江戸に幕府を開く。

慶長十九年の大坂冬の陣、翌年の夏の陣で、豊臣の残党をすべて亡ぼすと、文字通り徳川氏は日本の国王となった。三男の秀忠に将軍職を譲ったあとは駿府に居住、大御所として権勢を振るった。元和二年（１６１６）、鷹狩に出た先で倒れ、三ケ月後、駿府城で死去。七十五歳であった。遺体は駿府の南東、久能山に葬られ、一周忌を経て日光東照宮に改葬された。

九鬼嘉隆

（１５４２～１６００）

［くき・よしたか］
志摩鳥羽城主。水軍をもって信長、秀吉に仕え日本一といわれた。

戦国期、九鬼水軍を率いた海の武将として知られる。織田信長、豊臣秀吉に水軍として仕え、志摩《しま》の国（三重県）を支配、三万五千石の禄を得たことから、江戸期の軍記物では海賊大名として名を馳せた。

天文十一年（１５４２）、志摩の波切城で九鬼定隆の三男として生まれた。

九鬼氏の祖は熊野別当湛増というが、諸説あって定かではない。しかし、代々、船の一族で船、つまり水軍で伊勢・志摩を切り従えたということでは一致している。

永禄十二年（１５６９）、信長の北畠具教攻めの時、水軍を率いて活躍し、この時から信長麾下《きか》の一員として迎えられた。

その後も、信長の伊勢長島の一向一揆鎮圧の際も海上から射撃を行うなどして、常に信長軍の水軍として活躍する。天正四年（１５７６）、石山本願寺との戦いでは、本願寺側についた毛利水軍六百隻に対し、三百隻の織田水軍は、多くの船を焼かれ大敗する。当時、毛利水軍は日本一と呼ばれていた。

これに激怒した信長は、嘉隆に対し、燃えない船、つまり鉄の船の建造を命じた。そして出来上ったのが、船に鉄を貼った鉄甲船だった。

建造には莫大な資金が必要だったが、楽市楽座など日本でいち早く流通改革をなしとげた信長の財力がものを言って、わずか二年で六隻の鉄甲船が伊勢湾に浮かんだ。

そして天正六年ふたたび毛利水軍との戦いが始まると、嘉隆率いる六隻の鉄甲船の威力はすさまじく、毛利の六百隻を次々と打ち破った。

毛利水軍は潰滅的打撃を受け、九鬼水軍は日本一の水軍にのし上がった。この戦功で嘉隆は信長から志摩に加えて、摂津野田、福島など七千石を加増され、三万五千石を領する大名となった。

本能寺の変のあと秀吉に仕えた嘉隆は、信長同様にその水軍の頭領となり、九州平定や小田原征伐などに参陣、手柄を立てる。

そして鳥羽を本拠地と定め、鳥羽城の築城に着手した。

天正二十年から始まった秀吉の朝鮮侵攻の戦いである文禄の役では、脇坂安治、加藤嘉明とともに水軍を編成して参陣。名将と言われた李舜臣率いる朝鮮水軍と対峙し、釜山浦海戦、熊川海戦など、朝鮮水軍の攻撃を幾度となく撃退し、互角の戦いを繰り広げた。

続く慶長の役には嘉隆は出陣せず、慶長二年（１５９７）、家督を子の守隆に譲って自らは隠居する。

慶長五年、天下分け目の関ケ原の戦いが起こる。嘉隆はどちらが勝っても敗れても家名を残すため、自分は西軍・三成方に就き、守隆は東軍・家康方に就くという、信濃の真田家と同じ策を執った。

本戦の始まる前の八月、嘉隆は伊勢湾の海上封鎖を行い安濃津城の攻略に勝利するが、九月十五日の本戦で西軍が壊滅すると鳥羽城を放棄して答志島に逃亡する。

子の守隆は、家康に父の助命を嘆願、それまでの功績に免じて了承されるが、その知らせが届く前に、嘉隆は長年仕えてくれた家臣たちと別れの宴を張ったあと、腹十文字にかき切り、見事五十九年の生涯を終えていた。

服部半蔵

（１５４２～１５９７）

［はっとり・はんぞう］
伊賀の出自のため忍者のイメージが強いが、鬼半蔵の異名通りの猛将。

服部半蔵と聞けば多くの人には伊賀忍者の統領のイメージがある。数々の小説などにも登場し、テレビアニメ「忍者ハットリくん」の主人公服部貫蔵《かんぞう》は、服部半蔵の子孫という設定になっている。

実際の服部半蔵は、三河の松平氏（徳川氏）の譜代の家臣で徳川十六神将のひとりで、鬼半蔵と異名をとる猛将である。戦場でも一番槍、一番乗りなど数々の武功を挙げているが、伊賀衆や甲賀衆を指揮した記録も残るため、後世、忍者の統領に祭り上げられたものに違いない。

天文十一年（１５４２）、伊賀の国（三重県西部）の土豪服部保長の五男として生まれた。名は正成《まさなり》。半蔵は通称である。父の保長は室町幕府第十二代将軍足利義晴に仕えていた頃、将軍に謁見するため上洛した三河の松平清康（家康の祖父）と会い、意気投合し、松平氏に仕えるようになったという。

半蔵が六歳になった天文十七年、あまりのわんぱくぶりで手がつけられなかったため、寺へ預けられるが、三年後に僧になるのをきらい、寺から出奔する。その後、初陣までの七年間の消息は不明だった。親の元へは戻らず、おそらく兄たちの援助で暮らしていたらしい。

弘治三年（１５５７）、十六歳の時には家康の三河宇土城攻めの際、夜襲に出撃し、大いに手柄を立てたという記録があるから、その頃すでに家康の配下となっていたのだろう。さらに永禄六年（１５６３）の一向一揆の際にも服部家は一向宗であったにもかかわらず、半蔵は家康への忠誠を貫き、一揆勢相手に存分の活躍をし、家康の信頼も厚くなった。

　元亀三年（１５７２）の三方ケ原の戦いでは徳川軍は武田軍に大敗を喫すが、その時も半蔵は先手として出陣、一番槍の功名を挙げる。

　さらに敗将となって浜松城に逃げ帰る家康を必死に守り、追いすがる敵を撃退している。

　その功で戦のあと半蔵は家康に呼び出され、名槍二穂を贈られ、また父の出自の地、伊賀衆百五十人を預けられた。

　天正十年（１５８２）、本能寺の変が起きた時、信長の召きで安土城で饗応を受けたあと、堺見物をしていた家康一行は進退極った。

　たまたま近くにいた半蔵が召し出されると、地の利を生かした半蔵の働きで伊賀・甲賀の地侍たちが家康一行を警護し、無事に岡崎まで帰り着くことが出来た。この働きで服部半蔵の名は徳川家中に響き渡る。

　半蔵は、小田原征伐のあとの家康の関東入国後は、与力三十騎と伊賀同心二百人を預けられ、八千石の身分となった。

　伊賀同心の頭領となったからだけではないが、半蔵は常に敵の襲撃にそなえ、眠る時も床に筵《むしろ》を敷いて自分がそこに居るように見せかけ、自身は少し離れて横になっていたという。また羽織を着る時は、すぐに脱いで戦えるよう紐は結ばなかったともいわれる。

　慶長元年（１５９７）に病没、江戸清水谷の西念寺に葬られた。

　ここでは今も毎年十一月十四日の命日に、半蔵忌の法要が行われている。

　また半蔵の屋敷があった近くの江戸城の門はいまでも半蔵門と呼ばれている。

竹中半兵衛（1544～1579）

［たけなか・はんべえ］黒田官兵衛とともに「両兵衛」といわれた豊臣秀吉の軍師だったが若くして死去。

羽柴秀吉の軍師として知られる竹中半兵衛であるが、その実像ははっきりしない。「三顧の礼」を以て秀吉に招かれたというが、そもそも三顧の礼とは、『三国志』で蜀の劉備玄徳が諸葛孔明を招いた時の手であり、のちの世の人がそれをパクったに違いない。

このように半兵衛の軍功に関する逸話は、ほとんど後世の創作によるものと見られ、軍略家竹中半兵衛重治という人物の真の姿はよくわからない。

美濃の斉藤氏の家臣で、大御堂城（岐阜県大野町）の城主竹中重元の子として、天文十三年（1544）に生まれた。名は重治、半兵衛は通称である。秀吉麾下のもうひとりの軍師、黒田官兵衛とともに「両兵衛」と呼ばれた。

半兵衛の初陣は、斉藤道三が息子の義龍と戦った、弘治二年（1556）の長良川の戦いである。竹中家は道三側についたが、不在だった父の代わりに半兵衛は一軍の大将を務め、善戦している。

三年後に父は、菩提山城を築いてここを本拠とするが、翌年死去。半兵衛は家督を相続し、菩提山城主となり斉藤義龍に仕えるが、わずか二年後にその義龍も死去。後を継いだ子の龍興は酒色に耽る愚将だった。それにつけ込んで、尾張の織田信長の侵攻が、一段と激しさを増して来た。

そこで半兵衛の生涯でもっと

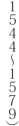

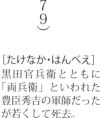

も有名な逸話である稲葉山城乗っ取り事件が起きる。斉藤家を見限った半兵衛は、人質として稲葉山城に差し出していた弟重矩に仮病をつかわせ、その看病と偽って、薬箱の中に武器を隠し、わずか十数人の部下をつれて、まんまと城中に入り込む。一斉にトキの声を上げると、驚いた龍興は反撃に出ることなく一目散に城から逃亡した。

　信長でさえ落とせなかった稲葉山城を、あっという間に手に入れた半兵衛の智謀はまたたく間に世に知れ渡った。

　信長は美濃半分を条件に帰順するよう呼びかけるが、半兵衛はあっさり拒否。半年のちにはなんとふたたび龍興に返し、自身は国外に退去したという。その理由も諸説あるが、事実ははっきりしない。

　美濃を去った半兵衛は三年間、北近江の浅井氏に仕えるが、その浅井も信長に亡ぼされてしまう。半兵衛の才を惜しんだ信長は、ぜひ家臣として登用したいと思い、秀吉にその使いを命ずる。三顧の礼を以て迎えられた半兵衛は信長ではなく、迎えに来た秀吉の直臣として仕えることになる。

　天正六年（１５７８）、信長に対して謀反を起こした荒木村重に帰服を呼びかけるため、秀吉のもうひとりの軍師黒田官兵衛が有岡城に赴くが、幽閉されてしまう。信長は官兵衛が村重に加担したと思い込み、人質とし預っていた官兵衛の嫡男松寿丸（のちの長政）の殺害を秀吉に命ずる。半兵衛は偽の首を差し出し、松寿丸は自身の領地に匿った。

　のち、官兵衛の無事がわかり救出されると、松寿丸を殺害したと思い込んでいた信長も秀吉も愕然とするが、すぐに松寿丸の生存が確認され、官兵衛は半兵衛を終生の恩人と感謝するのだった。そして播磨（兵庫県）の三木城攻めの最中、半兵衛は病に倒れ、回復には至らなかった。三十六年の生涯だった。

山内一豊

（１５４６～１６０５）

［やまのうち・かずとよ］
土佐高知藩の初代藩主。妻千代の内助の功で有名。

土佐《とさ》の国（高知県）の初代藩主の山内一豊は、嫁入りの持参金で夫のために名馬を買った、いわゆる賢妻の鏡として有名な妻千代との夫婦愛で知られる。「内助の功」として有名なこの逸話は太平洋戦争以前の日本の教科書に採り上げられ、女性のあるべき姿として紹介された。

また妻の千代の名に因んで、千代紙が出来たともいわれるが定かではない。

そもそも山内家のルーツもはっきりしない。藤原秀郷の末裔とも会津の芦名氏に仕えていたともいわれ、これらはすべて伝承だが、一豊の父盛豊については、尾張上四郡を支配した岩倉織田家に家老として仕えていたことは間違いない。

天文十四年（１５４５）、この盛豊の次男として一豊は生まれた。通称は伊右衛門。しかし岩倉織田氏は同族の信長と敵対、永禄二年（１５５９）、岩倉城は落城し、父の盛豊は討死、兄もその二年前に亡くなっていて、主家と当主を一度に失った山内一族は離散し、諸国を流浪せざるを得なくなった。

その後、一豊は苅谷賀城（一宮市）の浅井新八郎をはじめ四人の武将に仕えたあと、永禄十一年頃から織田信長の配下となり、木下藤吉郎（豊臣秀吉）の家人となる。

元亀元年（１５７０）の姉川の戦いで初陣、続く刀禰坂の戦いで頬に矢が刺さりながらも奮戦、この功により近江（滋賀県）

の浅井郡（長浜市）に四百石を与えられた。「山内一豊の妻」として後世、高名となった見性院（千代）との婚儀もこの時期である。

そして、天正九年（１５８１）、信長の京都馬揃えの際に、妻が買ってくれた良馬にまたがり、面白を施したと伝わる。

長宗我部氏相手の四国征伐の終ったあと、羽柴秀次が大幅に加増となると、田中吉政、堀尾吉晴らとともにその宿老のひとりとなり長浜二万石を領した。さらに秀次が加増されると、一豊も遠江掛川五万一千石の所領を得る。

しかしその秀次が文禄四年（１５９５）、謀反の疑いで処刑されると一豊は秀次を取り調べる側になったが、逆にその遺領から八千石を加増される。やはり一豊はツイている男なのだろう。

秀吉の死後には徳川家康に就き、やがて石田三成が上方で挙兵すると、会津の上杉討伐のため下野《しもつけ》小山に集った諸将が、その去就に迷った際、まっ先に家康側に自分の居城掛川城を提供すると発言。

その一言《ひとこと》によって豊臣恩顧の武将達も家康側に就いたと言われる。

さらに妻千代から豊臣方の動向を知らせる密書が届くと家康に提出。家康は千代の気転を諸将に知らせ、称讃したという。

そして関ケ原で、さしたる活躍もなかった一豊だったが、この小山会議の功績によって、戦後土佐で九万八千石が与えられ、後に加増し、一豊は二十万石の国持大名となった。

そして、長宗我部氏の遺臣たちからの反発を苦労して片づけ、高知城を築城するが、慶長十年（１６０５）病死。六十一歳であった。

以降、一豊の土佐藩は明治まで続き、維新の際には薩長とともに倒幕の一翼を担い、坂本龍馬、中岡慎太郎、岩崎弥太郎など多くの逸材を輩出した。

榊原康政（１５４８〜１６０６）

［さかきばら・やすまさ］
上野館林城主。徳川四天王のひとり。権力闘争をきらい、清廉な生涯を送る。

　徳川四天王のひとりで、家康覇業の第一の功臣といわれる榊原康政は、もともと家康の直臣ではない。家康の臣下の酒井将監忠尚に仕える陪臣の出である。

　若くして家康に認められ、直臣に引き上げられるのであるから、よほどその才能に光るものがあったのだろう。

　天文十七年（１５４８）、榊原長政の次男として三河の国上野郷（愛知県豊田市）に生まれる。十三歳の時、松平元康（徳川家康）に見出され小姓として仕え、三河一向一揆鎮圧に初陣、その武功を賞されて元康から康の字をもらい、康政を名のる。そして兄を差しおき榊原家の家督を相続する。

　その際、貧しくて新しい鎧《よろい》を買うお金もないだろうと、先輩から使い古した鎧を譲り受けるが、いつもその鎧を着て出陣し、恩を忘れなかった。時が経って鎧がボロボロになると、戦に出る前にその鎧に腕を通してから新しい鎧に着がえたという。

　永禄九年（１５６６）、十九歳で元服。同い年の本多忠勝とともに旗本先手役に抜擢されると、常に家康の側近にあって活躍。また本多忠勝とは終生の友となった。

　そんな康政の名が天下に轟き渡るのが、天正十二年（１５８４）の小牧・長久手の戦いで家康が秀吉と対決した時だった。康政は、この合戦で森長可、池田恒興を討ち取るが、まずその前に秀吉を激怒させる挙に出る。

誠実な康政にとって、織田家を乗っ取った秀吉は許せるものではない。康政は秀吉を糾弾する高札を立てる。腹に据えかねた秀吉は康政の首を取った者には十万石を与えるという触れまで出したという。

徳川の一家臣に過ぎない康政が、天下をほぼ掌中にした秀吉に喧嘩を売ったのである。そして秀吉もこの喧嘩を買ったのである。

そして家康と秀吉が和睦した後、最初の使者として秀吉から指名されたのが康政だった。

「和睦した今となってはそちの志はあっぱれである。それを言いたいがために、ここに呼んだ。徳川殿はそちのような家臣を持っていて羨しい」と言い、祝宴まで開いてくれたという。

天正十八年、家康が関東に移封されると、康政は関東総奉行として活躍。江戸城の修築を終えると、上野《こうづけ》の館林城（群馬県館林市）に入った。本多忠勝とともに、家中第二位の十万石を与えられる。

慶長五年（１６００）の関ケ原の戦いでは、徳川秀忠軍の軍監として従軍する。中山道から美濃を目指すが、信濃上田城の真田氏攻撃に手間どり合戦に遅参してしまう。

家康は、この秀忠の失態に激怒するが、康政の死を賭した懇願で事は収まった。秀忠は生涯、このことで康政に感謝したと言われる。

関ケ原のあと、長年の功を賞して家康は康政に、水戸二十五万石を与えようとするが、康政は関ケ原で武功がなかったことを理由に固辞する。老中にも任命されるが、「老臣が権を得るのは亡国の兆し」と領国へ帰ってしまう。

権力争いの醜さを嫌い、常に勇将であり続けた康政は、潔く身を引いたのである。慶長十一年、居城の館林城で死去。享年五十九。

本多忠勝

（１５４８〜１６１０）

［ほんだ・ただかつ］
徳川氏創業の功臣。伊勢桑名10万石を与えられ、桑名藩立て直しに尽力。

江戸幕府の基礎を固めた功臣で、徳川四天王のひとり。通称は平八郎。「家康に過ぎたるものが二つあり、唐《から》の頭《かしら》に本多平八」と謳われた。

唐の頭とは、徳川家中に当時流行していたヤクの尾毛の飾り物で兜などにつけた。

織田信長からは「花も実もある武将」、豊臣秀吉からは「天下無双の大将」と絶賛された。

天文十七年（１５４８）、徳川本家である安祥松平家の譜代本多忠高の長男として生まれた。娘の小松姫は真田信之の正室となる。

幼い頃から家康に仕え、永禄六年（１５６３）の三河一向一揆では、多くの本多一門が敵となる中、浄土宗に改宗して家康の側に残り、武勲を挙げた。三年後には十九歳で榊原康政とともに旗本先手役を務め、常に家康の側にあった。

元亀元年（１５７０）の姉川の戦いでは、朝倉軍の豪傑真柄十郎左衛門との一騎討ちで名を馳せた。

同三年の三方ケ原の戦いでも左翼を担い活躍し、天正元年（１５７３）の長篠城攻め、天正三年の長篠の戦い、天正八年の高天神城奪還にも参陣、その活躍ぶりは敵味方を問わず賞賛された。

天正十年の本能寺の変のあと、堺見物をしていて進退極った家康が、「京の知恩院に入って信長公に殉じよう」と弱音をはき、同行の酒井忠次、石川数

正、榊原康政、井伊直政など随行した重臣たちも同調した際には、忠勝ひとり猛反対し、

「なんとか三河に帰りつき、そのあと兵を挙げて光秀を討つのが先、そのあとで殉死しても遅くはありませぬ」

と主張、無事、伊賀越えをなし遂げた。

忠勝は次々襲ってくる野武士や盗賊の襲撃を、穂先に止まった蜻蛉《とんぼ》が真っ二つになったという自慢の名槍「蜻蛉切」を縦横無尽に打ち振い、撃退したという。

家康が豊臣の傘下に入り、天正十八年、関東に移封されると、忠勝は上総《かずさ》の大多喜（千葉県大多喜町）に十万石を与えられる。

これは井伊直政の高崎十二万石に次ぎ、榊原康政の館林十万石とともに徳川家臣第二位の禄である。

家康は、北から攻めてくる真田氏や上杉氏に備えるために康政を館林に、安房《あわ》の里見に対する備えとして大多喜に忠勝を置いたといわれる。

関ケ原の戦いでは、わずかな手勢を率いて、九十もの首級を上げた。

そしてこの武功により伊勢桑名（三重県桑名市）十万石に移され、旧領大多喜は次男の忠朝が継ぐ。

忠勝は東海道の要衝桑名の整備を行い、城郭を修理し、財政を確立、桑名藩立て直しの名君と仰がれている。

これを見ても忠勝が戦場での槍働きだけではなく、内政にも充分に優れていたかがよくわかる。

慶長十四年（１６０９）、嫡男忠政に家督を譲って隠居、翌年桑名城で死去。六十三年の波瀾に富んだ生涯を閉じた。参加した合戦は大小合わせて、なんと五十七回に及んだといわれるが、その体にはかすり傷ひとつなかったという。

蛇足だが、ＩＴ企業の雄、楽天の創業者三木谷浩史氏は忠勝の末裔と言われる。

藤堂高虎
（１５５６〜１６３０）

［とうどう・たかとら］
伊勢津藩初代藩主。８度も主君を変えたが、築城の名人でもある。

伊勢津藩の初代藩主で、八度も主君を変えた武将として有名だが、築城の名人で、加藤清正と並び称《そ》せられる。

石垣の反りを重視する清正に対して、高虎は石垣を高く積み上げ、堀の設計に独得の技があった。

弘治二年（１５５６）、近江は犬上郡藤堂村（滋賀県犬上郡甲良町）の土豪藤堂虎高の次男として生まれる。藤堂家は先祖代々藤堂村の小領主であったが、やがて没落し、農民にまで身を落としてしまった。幼名は与吉。別名は与右衛門。

北近江の浅井長政に足軽として仕えたが浅井氏が亡びると、浅井の旧臣だった阿閉貞征、次いで同じく旧臣の磯野員昌に仕え、やがて近江を出て織田信澄に仕えるが、いずれも長続きしなかった。

この阿閉氏から出奔した頃の高虎の面白いエピソードがある。講談や浪曲の『藤堂高虎、出世の白餅』として知られるが、流浪の生活を送っていた高虎が空腹のあまり三河吉田宿（豊橋市）の吉田屋という餅屋で無銭飲食をする。そして店主に正直に告白して謝罪した。店主の彦兵衛は同情し、故郷に帰る路銀まで与える。後年、出世した高虎が参勤交代で吉田に立ち寄った折、あらためて礼を言い、餅代を払ったという。

天正四年（１５７６）、羽柴秀吉の名補佐役と言われた弟羽柴秀長に三百石で仕えてから、ようやく高虎の身が定まったという。

賤ケ岳の戦いで佐久間盛政を破るという抜群の戦功を挙げ、さらに加増、千三百石となる。天正十三年の四国征伐にも功績を挙げ、秀吉から五千四百石の加増を受け、晴れて一万石の大名となった。

秀長が天正十九年に病没すると養子秀保に仕えるが、その秀保も若くして亡くなる。世をはかなんだ高虎は出家して高野山に隠棲してしまう。

その才を惜しんだ秀吉は、高虎を高野山から呼び戻し、還俗させ、伊予の坂島（宇和島市）七万石の大名にとり立てた。そして、高虎は朝鮮との慶長の役では水軍を率いて参加、武功を挙げ、大洲一万石を加増されて八万石の大名となる。

慶長三年（１５９８）、秀吉が死ぬと、豊臣の家臣団が加藤清正、福島正則らの武断派と石田三成らの文治派に分裂すると、先を見る眼の確かな高虎は迷わず武断派、つまり徳川家康側に与した。

そして両派の戦いである天下分け目の関ケ原では、西軍の大谷吉継軍を破る武功を立てただけでなく、小川祐忠、朽木元綱などに東軍へ寝返るよう見事な調略を行っている。

戦いのあと、これらの功績によって宇和島八万石に加えて今治十二万石が与えられ、高虎は二十万石の大名となった。以降、高虎は徳川家に忠義を尽くし、江戸城改築には生来の能力を存分に発揮する。

慶長十三年、伊賀上野藩主筒井定次の改易と伊勢津藩主富田信高の宇和島藩への転封に伴い、高虎は伊賀の国十万石、伊勢安濃郡、一志郡十万石などを加えて、二十二万石で津藩主となる。

その家格は外様ながら、江戸幕府内では譜代大名格となり、高虎は家康亡きあと第二代秀忠にもよく仕え、津藩藤堂家は明治維新まで続いた。

森長可

（１５５８〜１５８４）

［もり・ながよし］
美濃金山城主。「鬼武蔵」といわれた剛勇の士であったが、小牧・長久手の戦いで戦死。

織田信長、豊臣秀吉に仕えた猛将で、鬼《おに》武蔵《むさし》の渾名《あだな》で知られる。森家は、河内源氏の棟梁源義家の六男義隆を祖とするといわれるが、確証はない。

永禄元年（１５５８）、織田信長の家臣で美濃金山城（岐阜県可児市）の主《あるじ》、森可成の次男として生まれる。名は勝蔵。父の可成は織田家中随一の槍の名手だった。

弟は本能寺の変で主君信長と散った森蘭丸である。弟は美少年として有名だが、兄の長可は容《よう》貌《ぼう》魁《かい》偉《い》、その剛勇ぶりは鳴りひびき、鬼武蔵の名に恥じぬあらくれ武者であった。

元亀元年（１５７０）、父可成、兄可隆が戦死したため、長可はわずか十三歳で家督を継ぐ。その際、信長から一字拝領し長可と名のった。二年後には羽柴秀吉、丹羽長秀らとともに織田家が出す文書に連署しているのを見ると、十五歳ですでに重臣の立場にいたことがわかる。

元亀四年の第二次長島一向一揆攻めには織田信忠の軍に参加し初陣を飾る。以後、信忠配下の有力武将として長篠の戦い、越中の国侵攻、石山本願寺攻めや三木合戦などで数々の武功を挙げた。

一方、内政にも力を入れ、木曽川河港の整備、自由市の開催、さらに塩の専売制などを実施し、金山城下の発展に大きく寄与している。

天正十年（１５８２）の甲州征伐では、最大の激戦といわれた、武田方の猛将仁科盛信の高遠城攻めで、自ら槍を取って戦い、大奮闘する。

長可の鎧の下半身は、敵兵の返り血で真っ赤に染まり、織田信忠から深手を負ったかと尋ねられたほどだったという。

これらの戦功で武田家滅亡後、北信濃の四郡と海津城二十万石を与えられた。旧領の金山は、信長から戦場働きはなかった弟の蘭丸に与えられたが、本能寺の変で蘭丸が死去したため、再び長可に戻された。

海津城に入った長可は、すぐに領内の統治に取り組むが、反抗する武田方の旧臣などが多く存在し、特に芋川親正が上杉景勝と組んで地侍八千人を率いて蜂起するという事件が起きるが、長可はわずか二日で鎮圧。反抗的勢力を領内から追放し、政務を精力的にこなし、領内の統治にあたった。

北信濃を安定させた長可は、次に五千の兵を率いて上杉景勝と戦っている柴田勝家を救援するため、天正十年五月、越後（新潟県）に出兵する。国境の守りを突破し、仇敵芋川親正の守る田切城（妙高市）を落とし、上杉領深くまで侵攻するが、六月、本能寺の変が勃発。敵地深く進攻していた長可は、一転窮地に立たされる。

主君と弟の非業の死を歎く間もなく、長可は明智光秀討伐を即決し、海津城にとって返し、三千五百の兵を率いて出陣するが、その途中、光秀、羽柴秀吉に討たるの報が届く。むなしく長可は本領金山城に入った。

その後、長可は東美濃統一に尽力し、この頃より武蔵守《むさしのかみ》を自称するようになった。

天正十二年からの小牧・長久手の戦いでは、妻の父の池田恒興の勧めもあって秀吉方に加わって参戦するが、井伊直政の軍と激突、奮戦の甲斐なく水野勝成の配下、杉山孫六の狙撃で眉見を撃ち抜かれ即死。享年わずか二十七という若過ぎる死であった。

松平信康（1559～1579）

［まつだいら・のぶやす］
徳川家康の嫡男。武田家に内応したと信長に疑われ、切腹させられる。

徳川家康の嫡男信康は、悲劇の武将として語り継がれて来た。信康とその母築山殿が敵方の武田に内通していたという罪で、信長から切腹を申しつけられ、父である家康は断腸の思いで信康を成敗した、というのが通説であるが、近年の研究では、家康と信康の対立が原因であるという説も出てきて、真相は謎のままである。

永禄二年（1559）、松平元康（徳川家康）の嫡男として今川氏の本拠、駿府（静岡市）で生まれた。父の家康は当時、今川の人質となっていたからである。

母は関口親永の娘で、今川義元の姪である築山殿。幼名は父と同じ竹千代。後に松平本家の居城である岡崎城（愛知県岡崎市）の主となったため、祖父松平広忠にならって岡崎三郎と呼ばれる。

桶狭間の戦いで義元が織田信長に討ち取られると、家康はただちに岡崎城に入り、捕虜としていた鵜殿氏長、氏次との人質交換により、信康を岡崎城に引き取った。

信長との清洲同盟により、永禄十年、信長の娘である徳姫と結婚、ともに九歳という形式だけの夫婦となる。それに伴って家康は浜松城に移り、岡崎城は信康に譲られた。元服した信康は、信長から「信」を、家康から「康」の字を与えられ、信康と名のり、正式に岡崎城の主となった。

そして、天正三年（１５７５）の長篠の戦いでは、一手の大将をまかせられると、勇猛果敢に敵陣に攻め入り、数々の武功を挙げ、その戦いぶりは徳川家中でも評判となった。

しかし天正七年、先述した武田方への内通の疑いで信長から成敗を命じられると、信康は岡崎城を出て大浜城に移され、さらに堀江城、二俣城と移され、二俣城で家康の命により切腹させられた。わずか二十一歳の若さであった。

この信康切腹事件については、大久保彦左衛門の『三河物語』にくわしい。

信長の娘の徳姫は、今川の血につながる姑の築山殿との折り合いが悪く、さらに夫の信康との仲もうまくいっていなかったため、夫と姑を責める十二ヶ条の罪状を書き、信長のもとに赴く酒井忠次に託した。その中に武田方内通の条項もあった。信長は使者の忠次に内容の真偽を糺したが、忠次はすべてを事実と認める。

徳川家の中にもこの信長の処断に反対する声も強かったが、家康は重臣の忠次が認めた以上、信長の怒りをおさえることは不可能と判断し、信康を断罪にしたという。

しかし、徳姫との不仲は事実かも知れないが、ただそれだけでいくら信長でも婿の信康を殺そうとするかは疑問である。

『安土日記』などでは信長は、「殺せ」とは言わず「徳川殿の思うままにせよ」と答えている。この説に従えばこれは家康側の事情、たとえば信康の謀反の疑いで信康と築山殿を葬ったということになる。

いずれにしても信康を処断したあとの家康の後悔は大きく、事あるごとに「もしも信康が生きておれば」と愚痴を言い続けた。

たとえば秀忠が真田軍に翻弄されて関ケ原に遅参した際も、「これが信康だったら」とつぶやいたといわれる。

井伊直政

（１５６０〜１６０２）

［いい・なおまさ］
近江彦根藩初代藩主。
美丈夫として知られた
徳川四天王のひとり。

幕末、雪の桜田門外に散った大老井伊直弼《なおすけ》の彦根藩の藩祖。徳川家康の天下取りを全力で支えた功臣として知られる。

以来、徳川二百六十四年にわたり、井伊家は譜代大名の筆頭として幕政に重きをなし、直弼など四名の大老を輩出した。

平成二十九年（２０１７）のＮＨＫ大河ドラマ「おんな城主直虎」（主演柴崎コウ）は、家康に仕える井伊家誕生の物語である。菅田将暉が若き日の直政を清々しく演じていた。

直政は永禄四年（１５６１）、今川氏の家臣である井伊直親の嫡男として、遠江《とうとうみ》の井伊谷《いいのや》（静岡県浜松市北区）で生まれた。母は奥山朝利の娘おひよ。幼名は虎松。

その翌年、父は謀反の嫌疑で今川氏真に誅殺される。残された虎松はわずか二歳であった。そのため、直親の従兄《いとこ》直盛の娘に当たる次郎法師が井伊直虎と名のり、井伊家の当主となり、虎松を養育する。

しかし、虎松の命は常に今川氏に狙われたため、虎松を出家させ三河の鳳来寺に入れる。その六年後、直虎らの策によって還俗した虎松は家康に見出され、小姓として取り立てられ、名を井伊万千代と改めて、旧領の井伊谷を安堵された。

『甫庵太閤記』などによれば、直政は、心優しき美男子として記録されていて、秀吉が家康の懐柔策として実母の大政所を送り込んだ際も、その侍女たちが直政を見てその美貌に大騒ぎしたという。また家康の寵童だったとの説もある。

　ともあれ、その見目麗《うるわ》しき万千代も、高天神城の戦いなど武田方を相手に戦功を挙げ、猛々しき武将として頭角を現わしてくる。そして天正十年（1582）、二十二歳で元服し直政と名のった。

　武田家滅亡のあと、家康が武田の旧領、信濃・甲斐を併呑する際、武田方の多くの遺臣も引き継ぎ、それらで一部隊を編成、直政はその将となった。

　武田の時と同じ朱色の軍装も引き継ぎ、「井伊の赤備《あかぞな》え」と呼ばれた。

　そして、天正十二年の秀吉との小牧・長久手の戦いで、直政率いる赤備えは登場し、抜群の武功を挙げ、なかでも紅顔の直政が、赤備えを纏《まと》って兜には鬼の角《つの》をあしらい、長槍で敵を蹴散らす阿修羅のごとき姿はひときわ目を引き、「井伊の赤鬼」と恐れられた。

　一方、直政は武勇だけではなく、政治的手腕も家康はもちろん、秀吉からも高く評価され、豊臣姓まで賜っている。また北条氏討伐のあと、家康が江戸に入ると、直政は徳川家臣団の中でも最高の、上野の箕輪《みのわ》（群馬県高崎市）十二万石に封ぜられる。

　慶長五年（1600）の関ケ原の戦いでは本多忠勝とともに東軍の軍監に任じられ、戦闘指揮の役割りを果たした。

　戦のあとは戦後処理に奔走、特に島津氏との和平交渉に尽力し、外交手腕を充分に発揮している。それらの功によって石田三成の旧領近江の佐和山（滋賀県彦根市）十八万石を与えられた。家康は、西国の外様大名の抑えと朝廷を守るため、京に近い彦根に井伊を配したといわれる。

　慶長七年死去。享年四十二。佐和山藩は廃藩となり、代わって三十万石に加増された彦根藩が置かれ、維新まで続く。

徳川秀忠（１５７９〜１６３２）

［とくがわ・ひでただ］
家康の三男で、徳川２代将軍。武勇より人徳で選ばれたという。

徳川家康の三男として、天正七年（１５７９）、遠江の浜松に生まれる。母は側室の西郷局で、その実家の三河西郷氏は室町幕府の初期には三河守護代を務めた名家である。同腹の弟に松平忠吉がいる。

天正十八年、十一歳で織田信雄の娘で秀吉の養女小姫と婚姻を結ぶが、翌年、小姫は七歳で病没してしまう。そして文禄四年（１５９５）、やはり秀吉の養女となった浅井長政の娘江《ごう》と再婚する。秀吉の側室で豊臣秀頼の母となる茶々こと淀君の妹である。

秀忠の初陣は慶長五年（１６００）の関ケ原の戦いだった。東海道を進む家康本隊とは別に、秀忠は三万八千の大軍を率いて中山道から美濃を目指すが、わずか二千人が籠城する真田昌幸の上田城を攻めあぐね、やっと木曾の馬籠に到着した時に、関ケ原で東軍勝利の報を受ける。真田が巧妙に挑発し、それに乗せられた秀忠軍は間に合わなかったわけである。

榊原康政、大久保忠隣ら名うての猛将たちが、反対する本多正信を押し切って、上田城攻撃に駆り立てたとも言われるが、待ち受ける家康陣営でも、秀忠軍を待つべしという本多忠勝に、井伊直政が即時決戦を主張するという一幕もあった。

大津に到着した秀忠が、遅参の弁明のため家康に面会を求めたが、家康は体調不良を理由にこれを拒否。ようやく榊原康政らのとりなしで、三日後にやっと面会出来たといわれる。

この秀忠遅参が原因とはいえないが、関ケ原のあと家康は、あらためて三人の息子のうち後継者は誰がいいか、を家臣に尋ねる。本多正信は次男の結城秀康を、井伊直政と本多忠勝は四男の松平忠吉を推すが、大久保忠隣ひとりが、「乱世ならまだしも平時の天下を治めるのは武勇の人より人徳の人」と秀忠を推したという。そして家康は正式に秀忠を後継者に選ぶ。

慶長八年、家康は征夷大将軍に就き江戸に幕府を開き、その二年後、将軍職を秀忠に譲る。

秀忠に将軍職を譲った家康は、駿府に住み、大御所と呼ばれ、江戸城の秀忠とともに二元政治体制となる。

秀忠は総大将として大坂冬の陣、夏の陣に臨み、豊臣家滅亡後は、父家康とともに武家諸法度、禁中並公家諸法度など法整備に務め、家康の死後は、父の路線を忠実に守り、江戸幕府の基礎を固めた。

寛永元年（１６２４）には娘の和子（東福門院）を後水尾天皇に嫁がせ、また同六年の紫衣事件では寺社勢力を処断し、武家政権の強さを見せつける。さらに同七年には孫が明正天皇として即位すると、秀忠は天皇の外戚となった。

それらに先立つ元和九年（１６２３）、秀忠は上洛、参内し、将軍職を嫡男家光に譲る。しかし、父家康にならって実権は手放さず、大御所として君臨した。

寛永八年、とかく問題の多かった家光の弟駿河大納言忠長の領地を召し上げ蟄居を命じ、万全の家光体制を見届けると、同九年、五十四歳で逝去。

なお四男の保科正之は、秀忠生涯一度の浮気といわれる奥女中の静に生ませた子で、妻のお江の手前、高遠《たかとう》保科家で養育されたが、両親の死後、兄家光と対面、以降、家光をよく補佐し、盤石の幕府体制を築き上げた。会津藩の藩祖でもある。

北陸編

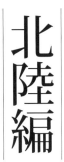

柴田勝家

（１５２２～１５８３）

［しばた・かついえ］
織田家の筆頭家老。本能寺の変のあとの織田家相続で秀吉に敗れ、居城の北ノ庄城に火を放ち自刃。

織田家の筆頭宿老。一度は信長に叛いたが、許された後は、身も心も信長に捧げた。大永二年（１５２２）、尾張の国愛知郡上社村（名古屋市名東区）に柴田勝義の子として生まれたとされるが、確かな資料はない。通称は権六、修理。あだ名は鬼柴田。

若い時から信長の父信秀に仕え、信長が家督を継いだ時にはすでに織田家の重臣であった。最初は信長の弟信行に家老として仕えていて、弘治二年（１５５６）、林佐渡守秀貞に誘われて信長との後継争いである稲生《いのう》の戦いを起こすが敗北。信長、信行の母土田御前の取りなしで信行らの罪はいったん許されるが、信行の野心は変わらず、信長弑逆《しいぎゃく》の謀議をめぐらせる。

勝家は、幾度となくその無謀を諫言するが信行は聞く耳を持たなかったので、やむなく信長に通報する。信長を仮病を使って信行を清洲城に招いて殺害。以後、勝家は信長に仕えるようになった。その仕え方も忠勤ひとすじで、度重なる戦でも、抜群の戦功を挙げ、その勇猛さで、鬼柴田と恐れられた。

姉川の戦いで、朝倉・浅井軍を破った織田軍は天正元年（１５７３）、越前（福井県）一乗谷まで侵入、朝倉氏は滅亡する。勝家はこの功で、信長から越前四十九万石を与えられた。

天正四年には、信長の宿敵だった加賀の一向宗門徒を征伐し、信長を喜ばせると、越前北ノ庄（福井市）に九層といわれた北ノ庄城を完成させた勝家は、戦乱で荒廃した越前の復興に意を注ぎ、領民からも慕われたという。

天正八年、越中（富山県）、能登（石川県）の支配をめぐって越後（新潟県）の上杉景勝と対峙するが、本能寺で信長横死の報が入る。勝家は急ぎ清洲に駆けつけるが、謀反人明智光秀はすでに羽柴秀吉に討ち取られたあとだった。

そして、織田家の後継と領土分割を決める清洲会議では、信長の三男信孝を担ぐが、信長の嫡孫三法師を推す秀吉、池田恒興、丹羽長秀らに破れる。

悲嘆に暮れる勝家に、諸将が勧めたのが、浅井長政の未亡人で、天下一の美女と謳《うた》われた信長の妹お市との婚姻だった。永年憧れの「お市さま」を得た勝家は欣喜雀躍して北ノ庄に帰る。これを機に天下取りを目指す秀吉との戦いが始まる。翌年四月の賤ケ岳の戦いである。

情報収集力はもちろん、人心《じんしん》収攬《しゅうらん》術にも長《た》けた秀吉は、勝家の有力与力で府中（武生《たけふ》）城を守る前田利家も味方につけ北ノ庄へと快進撃を続けた。

落城近しと覚悟を決めた勝家は、信長から拝領した思い出の品々を城内に飾り立て、天守閣で八十人の股肱《ここう》の臣を招き酒宴を催し、最後の別れを惜しんだ。

そして、お市の連れ子である三人の娘たちを城外に出し、秀吉に後を託すと、お市と侍女たちを一人ひとり刺し殺し、天守閣に火をかけ、腹十文字にかき切って自刃、猛将と名も高かった勝家らしい見事な最期だった。時は天正十一年、勝家六十二歳、お市はいまだ三十七歳であった。

秀吉が預ったお市の娘、浅井長政の遺児たちは、長女の茶々は秀吉の側室に、次女の初は高極高次の正室、三女の江は徳川二代将軍秀忠の正室と、それぞれ数奇な運命を辿ったことは周知の通りである。

朝倉義景（１５３３～１５７３）

［あさくら・よしかげ］
越前一乗谷の朝倉家11代当主。朝倉家の最盛期を築いたが、織田信長に敗れ、滅亡。

越前の国（福井県）の国主、朝倉家の第十一代にして最後の当主。天文二年（１５３３）、第十代孝景の長男として一乗谷（福井市）で出生。母は若狭武田氏の武田元信の娘といわれる。幼名は長夜叉。十六歳で家督を継ぐ際に、延景と名のる。

天文二十一年、室町幕府十三代将軍義輝から義の一字を賜って義景と改名。さらに時の管領細川晴元の娘を正室に迎えたことにより、室町幕府と親密な関係を築く。一方それは衰退の続く足利将軍家にとっても大きなうしろ立てを得たこととなった。

永禄八年（１５６５）、将軍義輝が三好氏らの手で暗殺されると、次の将軍を狙って、奈良で僧籍にあった覚慶が、細川藤孝らに担がれて還俗、朝倉を頼って越前にやってくる。そして朝倉館で元服し、義昭と名のる。しきりに義景に上洛を頼むが義景は動かなかった。

当時の朝倉家は、丹後、若狭、近江など近隣諸国に兵を派遣はするが、他国から侵略されることはなかった。戦に明け暮れる戦国時代にあって、越前一乗谷はまさに台風の眼のように静かな平和国家であった。

一方、尾張で反信長勢力を一掃した織田信長は、桶狭間で今川義元を破り、東からの脅威を除くと、美濃を手に入れ、伊勢も平定、煮え切らない朝倉を見限ってやってきた足利義昭を戴《いただ》いて上洛、天下人への第一歩を踏み出した。朝倉氏にも上洛を促し、織田への協力を求めるが、義景はこれを拒否する。

かねて美濃から京への道として越前を狙っていた信長は、朝倉の上洛拒否を絶好の口実として、元亀元年（１５７０）、三万の大軍を率いて朝倉討伐に乗り出した。そして朝倉の支城を次々と落とし木芽《きのめ》峠にさしかかった時、妹お市を嫁がせ義兄弟となっていた浅井長政の裏切りを知る。

前には朝倉の軍勢、後ろには浅井の精鋭と、まさに進退極った信長は、殿《しんがり》に木下藤吉郎、明智光秀の軍を残して一目散に京に逃げ帰った。まさに九死に一生を得た岐阜への帰還であった。

屈辱にまみれた信長は、岐阜に帰るとただちに軍を再編、徳川家康と組んだ織田・徳川軍は、近江の姉川で朝倉・浅井軍と対峙、姉川の水を血で真赤に染めたといわれる激戦の末、朝倉軍は敗れ、義景は真柄直隆など多くの武将を失った。

そして天正元年（１５７３）、信長はふたたび三万の軍勢を率いて朝倉・浅井討伐のため近江に侵入。まず五千の軍勢で籠城する浅井の小谷城を包囲すると、義景は、家中の反対を押し切って二万の兵を率いて浅井救援のため出発。琵琶湖北方の余呉に陣を張った義景は小谷城を後詰めすべく砦を築くが、織田軍はこれを次々と撃破。戦意をなくして義景は、一乗谷への帰還を目指すが、織田軍は火を放って一乗谷に突入。

義景は手勢のみを率いて一乗谷を脱出、仮宿舎としていた六坊賢松寺で、同族の景鏡の裏切りに会い、自刃。四十一歳の生涯を閉じた。

義景は性格的には武将というより文化人といってよく、戦国の世を生きぬく資質に欠けていたことが、朝倉氏滅亡の原因だったのかも知れない。その十日後、小谷城も炎上し、浅井氏も滅んだ。

前田慶次郎（1533～1605）

［まえだ・けいじろう］
加賀の前田利家の兄利久の養子。かぶき者として名を馳せ、晩年は上杉家に仕える。

隆慶一郎の小説『一夢庵風流記』や、それを原作とした漫画『花の慶次』、さらにゲーム『戦国無双』などで、かぶき者として広く知られているが、その実像は定かではない。

残されている資料は、『常山紀談』など戦国の世が終わり、太平の時代に、世間を喜ばすために脚色、創作されたものが多い。それらをもとに現在の創作物が作られているので、信憑性に欠けるきらいがある。

天文二年（1533）生まれ、名は利益《とします》。慶次郎、あるいは慶次は通称。穀蔵院《こくぞういん》瓢戸斉《ひょっとこさい》や龍《りゅう》砕軒《さいけん》不便斉《ふべんさい》などというふざけた名も名のっていた。実母は滝川一益の一族で尾張の国荒子城（名古屋市中川区）の城主前田利久に再嫁したという。利久は利家の兄であるから、慶次郎はのちの加賀百万石、前田利家の義理の甥ということになる。

永禄十年（1567）、本来前田家を継ぐべき利久に実子がなく、しかも病弱という理由で弟の利家が継ぐことになり、義父に従って荒子城を退去するが、天正九年（1581）、信長のもとで能登一国を領する大名となった叔父利家を頼り仕え、五千石を与えられた。

戦いの時の慶次郎のいで立ちは、黒皮の具足をつけ、猩々《しょうじょう》緋《ひ》の陣羽織、ひだが十二もついた山伏頭布をかぶり、同じ頭布をかぶらせた愛馬・松風にまたがり疾走した。まさに絵に描いたようなかぶき者である。

しかし、天正十五年、義父利久の死を契機に前田家との縁がなくなると出奔、京都で浪人生活を送る。京都では里村紹巴や古田織部など多数の文人、風流人たちと交わり、自らも連歌会を主催するなど文武両道の達人として慶次郎の名は高まって行った。

越後の上杉景勝が秀吉の命により会津百二十万石に移封となった慶長三年（１５９８）、景勝の懐刀といわれた直江兼続と会い、意気投合した慶次郎は上杉家に仕官、新規召し抱え浪人の集団の筆頭として千石の禄を受ける。景勝にお目見えの際、三本の泥の付いた大根を献上し、「この大根のように見かけはむさ苦しいが、噛めば噛むほど滋味のでるのが拙者でござる」と大真面目に言った。これを受けた景勝は顔色ひとつ変えず、うなずいたという。

慶長五年（１６００）の関ケ原の戦いでは、関連して起きた東軍との長谷堂城の戦いで、六十歳を過ぎていながら、相変らずきらびやかないで立ちで、存分に槍を振るって功を立てた。上杉が徳川に降伏の申し出をするため上洛する景勝に、慶次郎も同道する。戻った慶次郎は「これで諸将の心底は見抜いた。わが主《あるじ》とする人物は景勝公のほかなし」と言い放ち、他家からの仕官の口を一切断わり、上杉家が米沢三十万石に減封されても、相変わらず景勝に仕えた。

景勝とはよほどウマが合ったのだろう。米沢近郊の堂森に無苦庵という庵を建て、晩年を過ごしたという。隠棲後は盟友の兼続とともに『史記』の注釈を試みたり、和歌や連歌を楽しむなど悠々自適の生活を送ったと伝えられる。

慶長十年、堂森で生涯を終えたとされるが諸説があってはっきりしない。いずれにしても、茶道、華道に秀で、詩文に長じ、兵法も一流、酒に至っては斗酒なお辞せずの大酒豪だったという。

丹羽長秀（１５３５～１５８５）

✕

［にわ・ながひで］
柴田勝家とともに織田家宿老の双璧。清洲会議で秀吉に味方し、以後秀吉の傘下となる。

織田家の宿老で、柴田勝家に続く二番家老。柴田とともに織田家の双璧と言われた。天文四年（１５３５）、丹羽長政の次男として尾張の国春日井郡（名古屋市西区）に生まれる。通称は五郎左衛門尉、鬼五郎左とも呼ばれた。

信長の兄織田信広の娘で、信長の養女となった桂峯院を妻とし、嫡男の長重も信長の五女を妻としていて、二代にわたって信長の姻戚となった例は他にない。信長からは「長秀は友であり、兄弟である」と言われたといい、厚く信頼されていたのがよくわかる。

以来、稲生の戦い、美濃の斉藤氏との戦い、姉川の戦いなどで数々の武功を挙げ、天正元年（１５７３）、信長より若狭（福井県）一国を与えられ、織田家の家臣の中で最初の国持大名となった。その後も、長篠の戦い、越前一向一揆征伐などで武勲を挙げる一方、政治面でも手腕を発揮し、安土城の総奉行も務めた。

本能寺の変では、津田信澄（信長の甥）とともに徳川家康の接待役を命じられていたが、津田が明智光秀の娘婿にあたるため、敵方と見なして殺害、このため山崎の合戦には遅れて、秀吉に手柄を奪われてしまう。

しかし、その後の信長の後嗣を決める清洲会議では池田恒興とともに信長の嫡孫三法師を戴《いただ》く羽柴秀吉側に就き、続く勝家と秀吉との賤ケ岳の戦いでも秀吉を援護、琵琶湖を船で渡って救援するという活躍を見せた。このため戦後には若狭に加え、ほぼ越前全域及び加賀二郡を与えられ、一躍百二十三万国の大大名となった。

天正十三年、腹中に居た寄生虫が原因で、その苦痛に耐えかね自刃する。秀吉の天下が近いことを悟って自ら死を選んだともいわれるが、割腹して二日後に死んだことから判断してもやはり寄生虫が原因だったと思われる。

江戸時代後期に出版された『翁草』によれば、「木綿《もめん》藤吉、米五郎左、掛かれ柴田、退《の》き佐久間」というざれ歌にかけた風評があったという。つまり木綿（秀吉）は華美ではないが生活するには重宝であり、米五郎左は、五郎左こと長秀は、器用に自分の任務をやり遂げ、米のように毎日の生活に欠くことのできない存在であるし、武をもって敵に掛かるは猛将と言われた柴田勝家であり、戦《いくさ》の退き際の巧みさは佐久間信盛という意味である。

方面軍の司令官の地位は得られなかったが、畿内の行政面での仕事は器用にさばき、補給路の確保、戦後処理などは見事にこなし、「米」の名に恥じない働きを続け、信長にも深く信頼されたという。

天正三年、信長が家臣への官位下賜を上奏した際にも、秀吉に筑前守、明智光秀には日向守と九州の名門である惟任《これとう》の姓が与えられた際にも、長秀に同じく九州の名門である惟住《これずみ》の姓が与えられたが、長秀は「生涯、五郎左で結構」と一度は断っている。

そんないさぎよい長秀だったため、織田家中では誰からも愛され、親しまれたという。長秀の死後、嫡男の長重が後を継いだが、関ケ原で西軍に与《くみ》したため改易。

しかし、古渡藩主として復活。その後は代々二本松藩主として明治維新まで続いた。

佐々成政（１５３６〜１５８８）

［さっさ・なりまさ］
越中富山城主。秀吉に反抗するが、許されて肥後一国の大名となる。しかし、一揆平定に失敗し、切腹。

越中（富山県）富山城の城主で、一度は秀吉に反旗を翻すが、許されて肥後（熊本県）一国を与えられる。しかし、一揆多発の責めを負わされて切腹するという悲劇の武将である。

天文五年（１５３６）、尾張の国春日井郡比良村（名古屋市西区）で、土豪佐々盛政の子として生まれた。通称は内蔵助。永禄三年（１５６０）、家督を継ぎ比良城主となり、信長の父信秀に仕えるが、信秀の没後は信長に仕え、鉄砲奉行として活躍する。

成政と鉄砲との出会いは、永禄元年、信長が上洛した折、堺で買い求めた鉄砲を見本として、成政に命じて清洲の刀《かたな》鍛《か》冶《じ》に作らせたことから始った。

以来、成政は鉄砲隊の指揮官となり、稲葉山城攻撃では鉄砲隊三百人を率いて活躍。また天正三年（１５７５）の武田との長篠の戦いでは三千挺の鉄砲で、騎馬に頼る武田軍を撃破、大いに武名を上げた。

それ以前の、信長が戦いに明け戦いに暮れた五年間でも、朝倉攻め、小谷城攻撃、姉川の戦い、さらに比叡山焼き討ちなどでも、信長が激賛するほどの活躍を見せている。

朝倉氏の滅亡で越前を制圧した信長にとって、一向宗の一揆とともに天正四年からの上杉謙信の南下も脅威であったが、同六年、その謙信が急逝。ようやく一息ついた信長は、それまでの鉄砲ひとすじに生きた成政の功をねぎらい越中一国を与えた。富山城に拠った成政は、相変らず一向宗や謙信の後を継いだ景勝軍の攻略に苦戦しながらも、常願寺川の治水のため堤防を築くなど、内政にも力を入れた。

天正十年、本能寺の変のあとの清洲会議では成政は柴田勝家側に就き、続く賤ケ岳の戦いでも勝家とともに戦うが、勝家の敗死で秀吉に降伏、越中一国を安堵される。

そのあとの秀吉と家康の小牧・長久手の戦いが、和議によって停戦となると、成政は、のちに「佐々のさらさら越え」といわれる雪の立山山系を苦労して越え、浜松に到着、必死に家康を説得して、秀吉打倒を促すが失敗。結局、家康は動かなかった。

天正十三年、秀吉自ら十万の大軍で越中攻めを開始、戦わずして降伏した成政は死を覚悟するも、秀吉に再び一命を助けられ、越中新川郡の領主となった。

そして、天正十五年の九州征伐で功をあげると、秀吉は成政に肥後（熊本県）一国を与える。勇んで入国した成政だったが、検地のやり方などで隈部親永ら多くの国人の反抗に会い、一揆が続出した。すかさず秀吉はこの失政を見逃さず、安国寺恵瓊の助命嘆願もあったが、成政に切腹を命ずる。

翌十六年、成政は摂津尼崎の法園寺で、秀吉によって詰腹《つめばら》を切らされた。不死身といわれた佐々成政の最期だった。享年五十二。信長の後を継いだ秀吉の、信長遺臣団を排除した典型例といっていい。

余談だが、成政には実子がなく、何人かの養子がいたものの家督は継承されず直系の子孫はいないが、姉の子孫として水戸の徳川光圀に仕えた佐々宗淳がいる。

テレビや映画でおなじみの、『水戸黄門』の助さんこと佐々木助三郎のモデルといわれる人物である。

前田利家

（１５３８〜１５９９）

［まえだ・としいえ］
加賀100万石前田家の初代。秀吉の協力者として天下統一に貢献。5大老のひとりとなるが、関ケ原の前に病死。

江戸時代の諸大名のうち、最大の大名、加賀百万石前田家の初代であり、天下人となった豊臣秀吉の若き日からの盟友である。

天文七年（１５３８）、尾張の国海東郡荒子村（名古屋市中川区）の荒子城主前田利春の四男として生まれる。幼名は犬千代。通称は又左衛門あるいは孫四郎。晩年は加賀大納言と呼ばれた。妻はまつ（芳春院）。

天文二十年、織田信長に小姓として仕える。日頃から派手な作りの槍を持ち歩くかぶき者として知られ、「槍の又左」と恐れられたという。

二十二歳の時、信長の寵愛をうけていた同朋衆《どうぼうしゅう》の拾《じゅう》阿《あ》弥《み》と争いを起こし、持ち前の短気な性格の利家は拾阿弥を斬殺、そのまま遁走してしまう。利家の死罪は免れまいと誰もが思ったが、利家を可愛がっていた柴田勝家が中に入り、利家の処分は追放と決まる。

血気にはやる利家は、戦功をあげれば帰参が許されると思い、今川義元との桶狭間の戦いや斉藤龍興との森部の戦いに、勝手に参加、多くの首を取ると、さすがの信長も利家を許し、二年後に復帰、本隊と前線との連絡将校にあたる赤《あか》母《ほ》衣《ろ》衆に抜擢された。

永禄十二年（１５６９）、病弱で実子のなかった兄利久に代わり、信長の命により前田の家督を継ぎ荒子城主となる。そして姉川の戦いでは、長さ六メートル以上の槍を振るい大活躍、信長から「天下一の槍」と絶賛され、槍の又左の名は織田家中に轟きわたった。

浅井・朝倉討伐、さらに能登侵攻の功により天正九年（1581）、利家は能登一国を与えられ、七尾城主となる。

翌年の本能寺の変のあと、織田氏の後継をめぐり、柴田勝家と羽柴秀吉が対立、やがて戦となると利家は与力として仕えたいきさつから最初は勝家側に就く。しかし若き日から家族ぐるみのつきあいの秀吉に早々と降伏し、先陣を務めて勝家を破り加賀に侵攻、平定した。

この功により利家は能登のほか加賀を与えられ、金沢城を本拠とする。さらに秀吉と家康との間で小牧・長久手の戦いが始まると、家康に加担した越中富山の佐々成政を攻撃、大勝。続いて秀吉が十万の大軍を率いてやってくると、利家はその先導役を買って出、成政は戦わずして降伏した。

そして、その戦功により利家はさらに越中を与えられ、加賀、越中、能登にわたる加賀百万石の原型が出来上った。

天下を統一した秀吉は、自身の政権を担う五大老、五奉行制度を作るが、利家は徳川家康に次ぎ、五大老のナンバー2となり秀吉のよき相談相手となった。秀吉の没後は、遺言により遺児秀頼の後見役となり、次を狙う徳川家康に対して楯となるが、豊臣家は、石田三成を中心とする文治派と朝鮮から帰国した加藤清正らの武断派が対立、武断派のうしろには天下を狙う家康がいて、世の中は混沌となっていった。

両派の仲介者として利家は諸侯から全幅の信頼を寄せられるが、病《やまい》の身にさらに心労が重なり、六十二歳で没してしまう。秀吉が亡くなってからわずか七カ月のことである。そのあとに日本が二つにわれて関ケ原の戦いが起こるなど、知る由《よし》もなかった。

高山右近（１５５２～１６１５）

［たかやま・うこん］
キリシタン大名の代表格。家康のキリシタン追放令によりマニラに出国するが、到着後わずか40日で死亡。

戦国時代の代表的なキリシタン大名として知られる。洗礼名はジュスト。ポルトガル語で「義の人」を意味する。その名の通り、義に生き信仰に生きた。

信長からも秀吉からも高く買われ、領民や神父たちからも高潔の士として仰がれた。また茶人としても一家をなし、千利休の七高弟（利休七哲）の一人でもある。

天文二十一年（１５５２）、摂津の国三島郡高山庄（大阪府豊能郡豊能町）出身の国人領主高山友照の子として生まれる。父も母もキリスト教徒であった。幼名は彦五郎、通称は右近で南坊等伯と号した。父の友照は畿内で大きな勢力を振るっていた三好長慶に仕え、三好氏の重臣である松永久秀の配下で大和の国（奈良県）の沢城（宇陀市）を居城としていた。

永禄七年（１５６４）、三好長慶が没すると三好氏は内紛もあって急速に衰退。摂津は池田氏や伊丹氏などが力をつけるが、荒木村重が台頭、信長に接近し「摂津は切りとり勝手」の承諾を得ると、またたくうちに摂津は、石山本願寺領の石山を除き、村重の領有となった。

そののちに起きた高槻城をめぐる攻防に高山家も捲き込まれ、右近も腕に致命傷を受けるが、奇跡的に回復、これも神の加護と一層キリスト教に傾倒するようになった。そしてこの事件後、高山父子は荒木村重の支配下に入り、高槻城主となることが出来た。父から城主の座を譲り受けた右近は、武よりも信仰に生きる決意を固め、領内に教会を建て布教に努め、領民の多くがキリシタンに改宗した。

　天正六年（１５７８）、与力として右近が従っていた荒木村重が信長に反旗を翻すという大事件が起きる。

　右近は子供たちを村重の有岡城に人質として差し出し、謀反をあきらめるよう説得するが失敗。信長と村重との間にあって悩み、ひたすら神に祈り続けた。イエズス会のオルガンティノ神父にも相談すると、「信長に降るのが義である」との助言を受けるが、村重の下にある人質たちの処刑を恐れて逡巡するばかりであった。

　懊悩《おうのう》した右近がついに思いついた策は、信長に領地を返上することで信長との戦《いくさ》をまず回避し、かつ有岡城への出兵も回避することで人質処刑の口実も与えない、ということだった。このことを告げるため、右近は紙衣《かみこ》（和紙一枚で作った粗末な衣服）一枚で信長の前に出頭する。

　そして右近の離脱が荒木勢の敗北の大きな要因となり、この功により右近は信長によって再び高槻城主として安堵され、四万石に加増された。

　本能寺の変が起きると明智方から協力を期待されるが、秀吉方に就き、山崎の合戦では先鋒を務め奮戦、さらに小牧・長久手の戦いや四国征伐にも武将として活躍。しかし、秀吉によるバテレン追放令が出ると、右近は信仰を守るために領地をすべて捨て、小西行長や前田利家の庇護を受けて、クリスチャンとして生きた。

　慶長十九年（１６１４）、徳川家康のキリシタン国外追放令が出ると、長崎から家族とともにマニラに向けて出航。しかしマニラ到着するや、わずか四十日後に息を引き取った。葬儀はマニラ全市をあげて盛大に行われたという。

大谷吉継

（1559～1600）

［おおたに・よしつぐ］
義によって石田三成に加担して、関ケ原で奮戦するが敗れて自刃。その死は諸将から惜しまれた。

友情によって石田三成に加担し、関ケ原に散った義将。

永禄二年（1559）、近江の国（滋賀県）で、六角氏の旧臣大谷吉房の子として生まれた。通称は紀之介。官名が刑部小輔だったため、刑部の名で知られる。

石田三成の推挙で秀吉に小姓として仕える。三木城攻めや備中高松城攻めで活躍し、九州征伐にも多くの戦功を挙げたことで、天正十七年（1589）、越前の国（福井県）敦賀《つるが》郡二万石（のち五万石に加増）をもらって敦賀城主となる。

石田三成とはよきライバルとして競い合い、ともに豊臣家での出世街道を上ってゆき、固い友情で結ばれるようになった。

秀吉から、百万の兵をまかせてみたいといわれたほどの逸材であったが、業病《ごうびょう》（一説には梅毒といわれる）に冒《おか》され、顔は醜く崩れ落ちてしまい、晩年は眼も見えないくらいになったため、政治の表舞台には立たなかった。

三成との友情を示すこんなエピソードがある。茶会の席で、集まった大名たちが順に茶を回し飲むわけだが、吉継のあとを受けるのをみんな嫌がり、飲むふりだけしたが、ある時、吉継の顔から膿《うみ》がたれて茶碗の中に落ちてしまった。座の人はみな青ざめてしまい、吉継自身も呆然とするが、三成だけは受けとるとひと息で膿ごと飲み干してしまう。そしてさらにもう一杯所望したという。以降、二人の絆はますます強くなった。

秀吉の死後、有名な直江状でその専横ぶりを糾弾した上杉景勝を討つべく、家康が諸大名を集結した折、吉継も千余の兵を率いて参陣のため敦賀を出発し、垂井に到着すると、三成の使者が待っていて、三成の居城佐和山への来訪を請われた。

そこで三成から家康を討つという途方もない計画を打ち明けられる。

驚いた吉継は、その無謀さを説き、思いとどまらせようとするが、三成はあくまで自分の意志を貫こうとする。

家康の実力は天下まぎれもないこと、日本のほとんどの大名が家康に従う中、わずか五十万石にもならない三成には、微《み》塵《じん》も勝ち目がないこと、などを諄々《じゅんじゅん》と諭すが、三成の気持を変えることはできなかった。

そして吉継の選んだ結論も三成の友情に応《こた》えることだった。このことを知った家康は顔色を変えたという。吉継の戦の能力を知っていたからだろう。

慶長五年（１６００）、日本を東西二つに分けた関ケ原の戦いが始まる。戦《いくさ》上手といわれた吉継は、早くから小早川秀秋の裏切りを感じとり、気を配っていたが、西軍の裏切りは小早川だけではなかった。小早川対策のため、吉継が配置していた脇坂安治らも家康側に寝返り、西軍は崩壊。長期戦を予想していた吉継だったが、数時間で勝負の決着はついてしまう。

これまでと悟った吉継は自ら命を絶った。その際、醜い自分の首が敵の手にわたらぬよう、地中深く埋めよ、と部下に指示したという。病のため死期が真近に迫っていたとはいえ、盟友三成のために捧げた冥府《めいふ》への旅立ちであった。

吉継の一生は、権謀術数が罷《まか》り通る戦国の世に、一服の清涼剤のごとく気品あふれる生涯だったといえよう。

近畿編

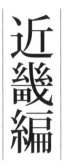

松永久秀（１５０８～１５７７）

［まつなが・ひさひで］
下剋上の典型といわれる大和多聞山城・信貴山城の城主。信長に２度叛いて滅亡。

松永久秀は斉藤道三らと並んで下剋上の代名詞のようにいわれ、また道三、宇喜多直家とともに戦国時代の三大梟雄《きょうゆう》とも評されている。

最初、三好長慶に仕えたが、三好政権内で実力をつけ、室町幕府との折衝などで頭角を現わし、長慶の死後は、三好三人衆と、時には組み、時には争いながら、混乱する畿内の中心人物となった。また茶人としても茶道具のコレクターとしても高名であった。

永正五年（１５０８）の生まれというが、出生地は、阿波の国（徳島県）、山城の国（京都府）など諸説がある。官位を合わせて松永弾正の名で知られる。

天文二年（１５３３）頃より室町幕府の管領細川氏の重臣である三好長慶の右筆（書記）として仕えたというが、本格的に台頭してくるのは長慶が細川晴元を放逐して畿内に政権を打ち立てた頃からである。

天文十八年、長慶が室町十三代将軍足利義輝や細川晴元を近江に追放し、京都を支配するようになると、三好家が公家《くげ》や寺社と折衝する役は久秀が果たすようになった。そして長慶が畿内を平定した天文二十二年に、久秀は摂津滝山城主に任命される。

永禄元年（１５５８）、足利義輝、細川晴元が近江から京都洛外に侵攻すると、久秀はこれを撃破し、和睦。同三年、久秀が興福寺を破って大和を統一すると、将軍義輝から御供衆に任じられ弾正少弼に任官、三好家中随一の部将となった。永禄四年には義輝から桐紋と塗り輿《かご》の使用を許されるという長慶と同等の待遇を受ける。そして大和と山城の国境付近に多聞山城を築くと、もはや久秀の勢いは主家を凌ぎ、将軍義輝の側近といっていいほどであった。

長慶の弟の十河《そごう》一存《かずまさ》や嫡男の義興などの死が相次ぐと、すべて久秀による暗殺説さえささやかれた。

永禄七年、三好長慶が死去すると、久秀は長慶の甥三好義継を担ぎ、三好三人衆（三好長逸・三好宗渭・岩城友通）とともに三好家を支えるが、やがて主導権をめぐって対立。三人衆が軍勢を率いて上洛、将軍義輝を殺害する。そして三人衆が担いだ足利義栄《よしひさ》が十四代将軍となると、久秀は三好家中で孤立してしまう。三人衆との幾度かの戦いを経て、久秀が頼ったのが織田信長だった。

永禄十一年、十五代将軍に足利義昭を擁して上洛した信長に、久秀は名物の茶器「九十九《つくも》髪茄子《かみなす》」を差し出し、大和一国の支配を認めてもらう。やがて三人衆は追放され、畿内は信長によって平定された。

それ以降、久秀は信長に臣従し、朝倉攻めや石山本願寺攻めでも奮戦するが、将軍義昭が信長から離れ、信長包囲陣を形成する。元亀三年、久秀は信長不利と見て、逆に三好三人衆と組んで信長に敵対するが、勢いにのる信長勢に敗北、多聞山城を差し出して降伏する。

そして天正五年（１５７７）、久秀は、上杉謙信、石山本願寺などの反信長勢力と組んで信貴《しぎ》山《さん》城に立てこもり、ふたたび信長と対決。信長は大軍をもって信貴山城を包囲、茶の名器「平《ひら》蜘蛛《ぐも》」を差し出せば許すというが、久秀はこれを拒否。久秀は平蜘蛛を叩き割ったあと、天守に火をかけて自害、六十八年の生涯を閉じた。

三好長慶（１５２２〜１５６４）

［みよし・ながよし］
室町幕府の管領細川氏を倒し、足利将軍を京都から追放、三好政権を樹立した辣腕大名。

　足利将軍を頂点とする室町幕府の管領細川家の政権を倒し、足利将軍の義晴、義輝を京都から追放し、将軍を意のままに操る三好政権を樹立したのが三好長慶である。その全盛期の領国は摂津を中心に山城、丹波、和《い》泉《ずみ》、阿波《あわ》、淡路、讃岐《さぬき》、播磨、さらに河内、大和も加えると、おそらく当時の日本の最大の大名といっていい。足利義輝、六角義賢らと時に争い、時に和議をくり返しながら畿内の支配者として君臨した。

　大永二年（１５２２）、細川晴元の重臣である三好元長の嫡男として阿波の国三好郡（徳島県三好市）に生まれた。幼名は千熊丸。通称は孫次郎。官位は筑前守のため、歴史史料では「三筑（三好筑前）」の略称で多く残っている。伝承によると、生母は長慶を身ごもった時、吉野川の瀬に立って天下無双の英雄の誕生の願をかけたという。

　父の元長は、主君晴元の仇敵であった細川高国を滅ぼした功労者であるが、本国の阿波のみならず山城にも絶大な勢力を誇っていたため、その声望を恐れた晴元らがそのかした一向一揆のため、命を落とす。

　やがてその一向一揆の勢力は、晴元でも抑え切れなくなるほど強大になってしまうが、天文二年（１５３３）、両者の和睦を仲介したのが、わずか十二歳の千熊丸だったという。おそらく交渉は、千熊の名を借りた代理の者がしたのであろうが、そういわれるほど長慶の英才ぶりは際立っていた。

　元服後は、晴元の武将となり、数々の功名を立て、天文八年（1539）には、陪臣の身ながら時の将軍義晴から京都の治安維持を命ぜられるほどにまで力をつけていた。

　これまで三好氏はあくまで阿波を本拠とし政治の拠点だけは畿内の摂津に置くという姿勢をとっていたが、この頃には帰国することなく、長慶は摂津守護代として幕府に出仕するようになり、その威勢は、主家の晴元に脅威を与えるほど強大なものとなっていった。そしてそれが晴元との対立を深める要因にもなっていく。

　天文十七年、ついに長慶は、かつての敵、細川氏綱、遊佐長教と結び晴元に反旗を翻した。圧倒的な長慶軍に敗れた晴元は、足利義晴・義輝父子を連れて近江坂本に逃亡。細川政権は事実上崩壊し、三好政権の誕生となった。

　天文二十年、足利・細川軍は京都奪回を図って侵攻するが、長慶は臣下の松永秀久に命じてこれを撃破、やがて和議となって義輝は上洛し、長慶は細川家家臣から将軍家直臣となる。

　そして室町幕府は、将軍義輝、管領細川氏綱、実権は三好長慶という構図となった。

　三好氏の権力は頂点に達し、嫡男の慶興は将軍の義輝から義の一字を賜り義長と改め、また永禄四年（1561）には義輝を将軍御成《おなり》として自邸に迎え、義輝の勧告で細川晴元とも和睦、三好家に対する幕府・朝廷の優遇は続いた。

　しかし三好氏の栄華はこの頃までで、永禄六年には義長が早世、さらに名目上の主君の細川氏綱も病死。一気に反三好の動きが顕著になった。さらに松永久秀の讒言《ざんげん》を信じて弟までも誅殺した長慶の神経は尋常ではなくなり、永禄七年七月、飯盛山城で病死。まだ四十三の若さであった。

柳生宗厳（１５２７〜１６０６）

［やぎゅう・むねよし］
江戸時代、天下一の剣と謳われた柳生新陰流の祖。子の宗矩は大和柳生藩の初代。

　ご存知、柳生新陰流の祖である。子の宗矩《むねのり》は徳川家の兵法指南役、孫の隻眼の柳生十兵衛三厳は、小説やテレビ、映画でおなじみだ。晩年は石舟斎を名のる。大永七年（１５２７）、大和の国柳生庄（奈良県柳生町）を領する柳生家の当主家厳の嫡男として生まれる。初め戸田一刀斉に師事して富田流を学ぶ。また当時、大和を支配していた筒井氏の家臣として幾多の戦功を挙げた。永禄二年（１５５９）、三好長慶の家臣松永久秀が大和に侵攻、筒井順慶を敗走させ、大和を支配下に収めた。やむなく宗厳も久秀に就くようになる。

　永禄六年、宗厳、三十六歳の時、新陰流の開祖上泉《かみいずみ》伊勢守信綱が奈良に立ち寄ると、宗厳は奈良法蔵院で面会、立ち合って完敗した宗厳は、己の未熟さを悟って即座に弟子入りをする。同八年、ふたたび柳生を訪れた信綱に滞在を請い、宗厳は一心に学んだ。そして宗厳は自ら工夫した「無刀取り」を披露して「一国一人の印可」を授けられる。さらに翌永禄九年、三たび柳生庄を訪れた信綱より「新陰流目録」を与えられた。

　三好長慶の死後の三好家の内紛で、三好三人衆と松永久秀が対立すると、宗厳は久秀方に加担、久秀が織田信長の上洛を画策すると宗厳もこれに協力する。

　この頃の宗厳は、松永氏の弱体化により、半ば独立した型となっていたと見られ、以後、織田家と連携して動くようになる。

元亀三年（１５７２）、久秀と三好三人衆は織田信長と対決。初めは久秀側の戦力の前に信長側は劣勢となるが、やがて盛り返し、久秀は降伏して信長に臣従。しかし、この間の宗厳の動きは明らかでない。

天正五年（１５７７）、信長を囲む包囲陣の強さを見て、信長不利と判断した久秀は再び信貴山城に立てこもって信長と対決姿勢を示すが、織田軍の総攻撃を受けて天守に火をかけて自刃、松永氏は滅んだ。

これを見た宗厳は、不意に柳生谷にこもって、上泉新陰流の研鑽《けんさん》に励んだ。領土争いよりは、兵法者として生きようと決意するに至ったのである。

世を渡るわざの無きゆえ兵法
を　かくれがとのみたのむ身ぞ
浮き

当時の心境を詠んだ宗厳の歌である。文禄二年（１５９３）、剃髪して但馬《たじま》入道石舟斎と号し、自ら作り上げた「無刀取り」の奥儀を極め、上泉新陰流から柳生新陰流へと大きく飛躍した。文禄三年、徳川家康に招かれて京都鷹ケ峰の陣屋で、家康相手に無刀取りの妙技を披露する。感嘆した家康はその場で入門の誓詞を提出。二百石の俸禄を与え、自らの側に出仕するよう求めたが、宗厳はこれを固辞し、同行した五男の宗矩を推挙した。

宗厳の死後、家督を継いだ宗矩は、二代将軍秀忠、三代家光に新陰流を伝授し、その門弟たちも各藩の剣術指南役として採用され、宗厳の創案した柳生新陰流は、「天下一の兵法」と称されるほどの隆盛を誇った。宗矩は大目付も務めるなど幕閣で重きをなし、加増を重ね、一万二千石の柳生藩主となる。

また宗厳の孫の利厳は尾張徳川家に仕え、新陰流は尾張藩で別格を以て遇され、現代まで連綿と伝えられている。

明智光秀（１５２８～１５８２）

［あけち・みつひで］
本能寺の変で主君の織田信長を倒した逆臣といわれるが、その真実は謎のままである。

令和二年（２０２０）のＮＨＫ大河ドラマ『麒麟《きりん》がくる』の主人公である。日本史上、最大の事件のひとつといっていい本能寺の変で、主君の織田信長を討った謀反人、裏切り者というのがいままでの評価だった。

しかし、信長からいままでいえばパワハラを受け、ついに堪忍袋の緒《お》が切れて、上司を返り討ちにした悲劇の智将という見方もある。後でも述べるが、本能寺の変の原因は諸説があってそれぞれ面白いが、いまはすべて謎のままである。光秀の前半生さえ謎の部分が多く、その辺が現代の作家たちの創作欲をそそるのかも知れない。

享禄元年（１５２８）、美濃の国（岐阜県）の明智城（可児市）で生まれたとされる。ほかに永正十三年（１５１６）、天文九年（１５４０）という説もあり、その隔《へだ》たりは親子ほどである。明智氏は清和源氏の土岐氏の支流とされ、父の名は光綱、光国、光隆、頼明など多くの説がある。通称は十兵衛、朝廷より九州の名族、惟任《これとう》の姓を賜ったので惟任日向守と呼ばれた。妻は熙子《ひろこ》。子供に細川忠興の妻珠（ガラシャ）、嫡男光慶などがいる。

美濃守護土岐氏が斉藤道三に滅ぼされると、光秀は道三に仕えるが、弘治二年（１５５６）、道三と息子の義龍が戦った際、道三側に就いたため、義龍に明智城を攻められ、一族は離散したという。

その後、越前（福井県）の朝倉義景を頼り、約十年間、義景に仕えたといわれる。この間に、細川藤孝に担がれ、次期将軍を目指す足利義昭が、援助を求めて朝倉家にやってくる。それ以降、深くかかわることになる義昭と光秀の出会いであった。

義景は頼りにならない、信長こそ頼りがいのある男、と光秀に勧められ、義昭は仲介役を光秀に依頼。これが光秀の名が歴史史料に登場する最初となる。

光秀の叔母の小見《おみ》の方が斉藤道三の夫人で、その娘で信長の正室の濃姫（帰蝶）は光秀の従《い》兄妹《とこ》であったといわれる。確証はないが、何らかの血縁があったと推定され、それが信長と光秀を結ぶきっかけだったことは間違いないだろう。

以降、光秀は義昭の家臣であり、信長の部下でもあるという両属の型となり、永禄十一年（１５６８）の義昭を戴《いただ》いた信長の上洛にも加わった。

翌十二年には、羽柴秀吉、丹羽長秀、中川重政とともに織田氏支配下の京都の政務にあたり、事実上の京都奉行の職務をこなした。元亀元年（１５７０）、朝倉攻めでは、浅井長政の裏切りで危機に陥った信長が急ぎ京都に逃げ帰る際に、秀吉とともに殿《しんがり》を務め、見事に防戦に成功。翌年の石山本願寺との戦い、さらに比叡山焼き討ちにも中心となって武功を挙げ、近江の国の滋賀郡五万石を与えられ、坂本城の築城に取りかかる。

元亀四年、足利義昭が信長に反抗して挙兵、光秀は義昭と袂《たもと》をわかって信長の直臣として参戦。降伏した義昭は京都から追放され、室町幕府は滅亡した。

天正三年（１５７５）、長篠の戦い、越前一向一揆殲滅に武功を挙げると、光秀は信長から丹波《たんば》の国（京都府）の攻略を任される。

しかしこれは長期戦となり、天正七年、八上城、黒井城を落とし、ようやく丹波は平定される。そしてこの功により光秀は丹波二十九万石を加増され、近江と合わせて三十四万石の大名となった。信長からは「丹波の国での光秀の働きは天下一」と絶賛される。

丹波の拝領と同時に、丹後の細川藤孝、大和の筒井順慶ら近畿の諸大名が光秀の与力《よりき》として配属され、合わせると光秀の支配圏は二百四十万石となり、織田家中では最大となった。

天正九年には、信長の威勢を天下に示す京都御馬揃えの運営を任されるまでになる。この時には、「落ちぶれ果てていた自分を召し出し、このように莫大な人数を預けられた信長様への御奉公を忘れてはならない」という感謝状も書いている。本能寺の変のカケラさえ見えない。

翌十年五月、安土を訪れた徳川家康饗応役を命じられていた光秀は、不手際を理由に任務を解かれ、秀吉の毛利征伐の支援を命ぜられる。そして、六月二日早暁の出陣にあたって、光秀は重臣たちに信長弑逆《しいぎゃく》の決意を告げる。雑兵たちは信長討伐を最後まで知らされておらず、本能寺に着くまで徳川家康を討つのだと思っていたという。

京都本能寺を包囲した明智軍一万三千に対して、信長側は近習の百人足らず、勝敗は目に見えていた。

信長は槍を振るって奮戦するが、やがて寺に火を放ち自害。しかし死体は発見されなかった。二条御所にいた信長の嫡男信忠、駆けつけた京都所司代村井貞勝も討ち取られる。

京都を押さえた光秀は、坂本城に入ると近江を平定、続いて安土城に入って金銀財宝を家臣に与えた。さらに昇殿して朝廷にも銀五百枚を贈る。しかし光秀が一番頼りにしていた盟友細川藤孝は動かなかった。

新政権を整える間もなく、十一日後の六月十三日、毛利氏と和睦した秀吉が引き返して来て天王山の麓《ふもと》、山崎に陣を張る。兵力は羽柴軍二万七千、明智軍一万七千、羽柴の兵力が勝るが、中国大返しで疲弊しており、明智軍有利と見られたが、黒田官兵衛の見事な戦略で、秀吉軍の勝利となった。

　同日深夜、居城の坂本目指して落ちのびる光秀は、途中落ち武者狩りの百姓の竹槍で深手を負い、自害。家臣の溝尾茂朝に介錯させ、首を近くの竹藪に隠したという。しかし翌日、百姓により発見され、まず本能寺にさらされ、のち京都粟田口にさらされた。

　前述したように、光秀が主君信長を討った行為は、近代に入るまで主殺しの逆賊との評価であったが、これは江戸時代、本能寺の変で神君家康が伊賀越えで進退極ったことなどから強調されたせいかも知れない。

　光秀は内政手腕に優れ、領民たちを愛し、善政を敷いたといわれ、光秀の徳を偲ぶ地域がいまでも多くある反面、ルイス・フロイスはその著『日本史』の中で「才智、深慮だけでなくその狡猾さで信長の寵愛を受けた」「裏切りや密会を好み、計略と策略の名人であった」と、辛辣《しんらつ》な評価しか与えていない。

　光秀が本能寺で信長を倒した理由も諸説あって定説はない。

　まず怨恨説。主君の信長は短気な性格であったため、光秀を「このキンカン頭（はげ頭）」と満座の中で罵倒したり、怒鳴りつけたという。それを根に持って復讐したという説だ。

　次は野望説。もちろん光秀が天下統一をなしとげ君臨するということ。さらに室町幕府再興説や朝廷指示説、イエズス会主導説などもある。

　また小栗栖《おぐるす》で殺されたのは偽物《にせもの》で、本物は生きていて、徳川の世に「天海」となって家康の指南役として仕えたという説まである。実際、天海の前半生は全く謎であり、天海の指示で造営された日光東照宮には、明智の紋の桔梗紋が多数使われていて、しかも近くに明智平と呼ばれる地まである。歴史の「イフ」はいつの世でも楽しい。

細川藤孝（1534〜1610）

[ほそかわ・ふじたか]
若き日から明智光秀の盟友として活躍するが本能寺の変では協力を拒否。丹後宮津城主。

嫡男忠興の妻が裏切り者といわれた明智光秀の娘珠（ガラシャ）だったため、本能寺の変のあと光秀に協力要請を受けるが拒否。ただちに忠興に家督を譲り、剃髪して隠居、幽斎と号した。

武将としても有能だったが、文化人として名高く、藤原定家から連綿と受け継がれた二条流歌道の伝承者で、古今伝授の第一人者として知られた。

天文三年（1534）、三淵《みつぶち》晴員の子として京都東山に生まれた。幼名は万吉。通称は与一郎。天文九年、七歳の時、父の兄である細川元常の養子となる。天文十五年に将軍足利義藤（のちの義輝）の一字藤を賜って藤孝と名のる。以降、幕臣として足利義輝に仕えるが、義輝が三好三人衆に暗殺されると、奈良興福寺から義輝の弟の覚慶を救出し、還俗させて義昭と名のらせると、義昭の将軍就任のために奔走。近江の六角義賢、若狭の武田義統、越前の朝倉義景らを頼るが、いずれも動かず、朝倉家に仕えていた明智光秀と意気投合、織田信長を頼ることになった。

永禄十一年（1568）、信長が義昭を奉じて入京したあと、義昭とともに三好三人衆と戦うが、やがて義昭と信長が不和になると藤孝は両者の和解のため奔走するが、義昭の信長への不信はもはやどうにもならなくなっていた。

そして、義昭は藤孝の諫言も

入れず挙兵する。藤孝はついに永年仕えた義昭を見限って信長に臣従することを決意した。

藤孝は、信長から山城の国（京都府）の桂川の西、長岡一帯を与えられると、長岡氏を称し、長岡藤孝と改名する。こののち藤孝は光秀の与力として、石山本願寺攻め、紀州（和歌山県）の雑賀《さいが》衆攻め、松永久秀討伐などで武功を挙げた。

文化人としてだけでなく、塚原卜伝《ぼくでん》に剣術を学び、吉田雪《せつ》荷《か》から弓術の印可を受けた藤孝の采配は、見事なものだった。

しかし、天正八年（１５８０）の丹後（京都府）侵攻では国人たちの反撃に会い失敗。やがて光秀の加勢を得て、ようやく丹後南部を平定。その功で信長から丹後半国の領有を認められ、以降、藤孝は宮津を居城とする。

天正十年の本能寺の変では、先述した通り光秀の再三にわたる要請を断り田辺城に隠居してしまうが、同じ与力の筒井順慶も参戦を断り、失意の光秀は山崎の戦いで秀吉に敗れ自害してしまう。

藤孝には、もともと将軍家の直臣であった自分が、光秀の配下に入ることを潔《いさぎよ》しとしない思いがあったともいわれる。

その後、藤孝は光秀を破った羽柴秀吉に重用され、紀州征伐、九州平定にも武将として参陣。秀吉が没したあとは家康に接近。家康の上杉征伐の際には嫡男の忠興が細川の軍勢を率いて参陣すると、藤孝は五百人ほどの手勢で田辺城で留守を預かっていたが、石田三成の兵一万五千に包囲されてしまう。

藤孝は少ない手勢で頑強に抵抗、ようやく後陽成天皇の勅命により講和が成立したのは関ケ原の戦いの二日前だった。

一方、嫡男の忠興は関ケ原の功により豊前（福岡県）小倉で三十九万九千石という大封を得る。そして藤孝は、大坂の陣後、名も長岡から細川に戻した。その後、幽斎として京都で悠々自適の生活を送ったという。

鈴木孫市（1534～1589）

［すずき・まごいち］
またの名を雑賀孫一。紀州雑賀の鉄砲集団の統領。戦国時代、傭兵として大名に雇われた。

雑賀孫市の名で知られる紀伊（和歌山県）の鉄砲集団雑賀衆の棟梁である。孫一とも書かれる。織田信長と顕如の率いる石山本願寺との戦いは十年にも及び、一向宗の門徒の多かった雑賀衆は、日本一といわれた鉄砲の威力で織田方をさんざん苦しめた。鈴木孫市はその雑賀衆を率いる代々の棟梁の名、ひとりの人間ではない。

石山合戦で信長と戦った鈴木孫市は、署名に重秀とある文書があり、正体は鈴木重秀という武将である。ちなみに関ケ原の戦いで西軍に属して、徳川方の鳥井元忠を討ち取った鈴木孫市は、この重秀ではなく、その名を継いだ人物で、のち水戸藩に仕えた鈴木重朝であるとされる。そして雑賀孫市という名を公に最初に名のったのは重朝の次男の重次である。

鈴木重秀は、「サイカノ孫一」と史料に出てくるが、これは姓ではなく、「尾張の信長」「三河の家康」というように土地名をつけた名のりと思われる。

そもそもなぜ雑賀衆は、天下一の鉄砲集団になったのか。それは雑賀の歴史に由来する。雑賀衆の本拠地の雑賀郷は、紀伊半島の南西部にあり、険しい山々に覆われた紀伊半島でも紀ノ川という大河もあって、肥沃な土地が広がっていて古代から豊かな土地であった。

紀伊半島の山々からは鉱石や木材が豊富に得ることが出来、鍛冶や林業が早くから発達していた。また海にも面していたため、海運業や漁業も盛んというめぐまれた場所でもあった。

　そんな山で働く人々、海で動く人々の間で自然に職人たちの組合のようなものが出来上った。そして組合の代表たちの共同体が戦国時代には五つあって、その勢力の総称が雑賀衆であって、それを率いたのが鈴木孫市、つまり雑賀孫一である。

　天文十二年（１５４３）、九州の南の種子島に嵐のため漂流した一隻のポルトガル船があった。そのポルトガル人が持っていたのが日本人は見たこともなかった鉄砲だった。

　種子島の支配者種子島時尭《ときたか》はこの鉄砲を二丁、二千両で買いとる。今の金に換算すると二億円というとてつもない額である。そしてそのうちの一丁が津田監物という人の手で本土に持ち帰られ、紀州の鍛冶屋、芝辻清右衛門が試作に成功、それが雑賀衆の手に入った。

　もともと高い鍛冶技術を持った職人集団でもあった雑賀衆は、すぐに量産化に成功。それに火薬に必要な硝石も海運に長《た》けた彼等には容易に手に入った。こうして雑賀衆は鉄砲傭兵集団となり、諸大名からの招きがあれば合戦に参加し、大活躍をする。「雑賀衆を味方にすれば必ず勝ち、敵にすれば必ず負ける」とまでいわれた。

　雑賀鉄砲衆は、鉄砲隊を二十五人を一組とし二列に並べ、前列が撃っている間に後列が弾を込め、交互に前に出て連続発射するという戦い方で、これはのちに武田騎馬隊相手の長篠の戦いで、織田信長のとった戦法に引き継がれている。

　そんな雑賀衆も織田軍十万の大軍の前には勝ち目はなく、ついに孫市こと鈴木重秀も降伏。雑賀衆は昔日の面影もなく分裂してしまう。

　天正十三年（１５８５）、孫市は藤堂高虎に紀州粉河《こかわ》に誘い出され、殺されてしまう。毒殺だったといわれる。

荒木村重

（１５３５～１５８６）

［あらき・むらしげ］
摂津有岡城主。信長に叛き、一族重臣はすべて処刑されるが、自身は生き延びた凡将。

主君の信長に対して謀反を起こした摂津の国（大阪府）有岡城主である。

本人は妻子を捨ててうまく逃げ切るが、その女房衆百二十二人は、尼崎近くで鉄砲や長刀で惨殺され、さらに京都に護送された一族と重臣の家族三十六人が、大八車に縛りつけられ京都市中を引き回された後、六条河原で斬首された。「百二十二人の女房一度に悲しみ叫ぶ声、天にも響くばかりにて見る人目もくれ心も消えて」（『信長公記』）と伝わるほどの大惨事だった。

村重は天文四年（１５３５）、摂津池田氏の家臣荒木義村の嫡男として生まれた。先祖は藤原秀郷という。幼名は十二郎、後に弥介。池田氏の娘を娶り、一族となるが、三好三人衆の甘言にのせられ寝返り、池田家の混乱に乗じて家中を掌握、さらに三好家から織田家に移り、茨木城主となる。

天正二年（１５７４）、伊丹氏の支配する伊丹城を落とし、伊丹城を有岡城と改め城主となり、信長から摂津一国を任される。以降も信長に従い、越前一向一揆征伐、本願寺との石山合戦、雑賀衆相手の紀州征伐に多くの武功を挙げた。

しかし天正六年、村重は突如として信長に反旗を翻す。その遠因は天正元年にあったのかも知れない。その年、大軍を率いて上洛する信長を、村重は細川藤孝とともに近江の瀬田で迎えた折のことだった。

平伏して「摂津一国を身命を賭して切り取ってみせます」と豪語する村重に、上座に座った信長は、万座の中で盆の中にあった饅頭《まんじゅう》を数個刀で突き刺し、食えと村重につき出した。口をいっぱいに開け、村重がその饅頭を一口で食べると、信長は声を上げて笑い、村重の胆力を賞賛したが、村重は屈辱感にじっと耐えたという。

それ以降、信長のため数々の武勲を挙げながらも村重の胸中にはつねに信長への不信感があったのだろう。

村重謀反の噂は、あっという間に織田家中に広がったが、信長は信じられなかった。すぐに明智光秀や松井友閑を説得にあたらせ、決して咎《とが》めないことを伝えると、村重も安心し、釈明のため安土城に向かう。しかし途中に寄った茨木城で、与力の中川清秀から「信長は決して許さない。潔《いさぎよ》く戦った方がいい」と逆に説得され、有岡城に戻り、毛利軍に支援を頼んだ。

それでもあきらめきれない信長は、村重と旧知の秀吉配下の黒田官兵衛を、翻意させるよう向かわせるが、村重は官兵衛を土牢に監禁してしまう。そして村重は有岡城に籠城し、織田軍に一年にも及ぶ抵抗を続けるが、頼みの毛利軍も現われず、与力の中川清秀、高山右近も織田方に下ってしまった。

敗戦を悟った村重は、妻子を捨てて単身で有岡城を脱出し、嫡男村次の尼崎城に移る。さらにそこからも逃走し、毛利家を頼った。

天正十年、信長が本能寺で急死すると、安心した村重は堺に戻り、秀吉の時代になると大坂で茶人として復活、千利休とも親交を重ね、利休十哲のひとりに加えられるまでになった。

のち秀吉の勘気を受けて出家、天正十四年、堺で死去。享年五十二。村重は、権謀術数渦巻く戦国の世とはいえ、節操もなく、身勝手な凡将だったといっていい。

足利義昭
（１５３７〜１５９７）

［あしかが・よしあき］
室町幕府最後の15代将軍。1度は信長の庇護を受けて将軍となるが、のち離反。

室町幕府最後の第十五代将軍である。天文六年（１５３７）、第十二代将軍足利義晴の次男として生まれる。幼名は千歳丸。母は近衛尚通の娘慶寿院。十三代の義輝は同母兄。将軍家の家督相続者以外の子は慣例によって仏門に入ることになっているが、義昭も覚慶と名のり奈良興福寺一乗院門跡となった。のち興福寺で権少僧都にまで栄進している。

永禄八年（１５６５）、将軍の兄義輝が三好三人衆、松永久通（松永久秀の息）らによって暗殺されると覚慶も捕縛され、興福寺に幽閉された。しかし、覚慶を次の将軍に担ごうとする細川藤孝らによってその二ケ月後に興福寺から救出され、近江の六角義賢を頼る。還俗して名も足利義秋と改めた。

次に義秋は妹婿であった武田義統を頼り、若狭へ移る。さらに若狭から越前の朝倉義景のもとへと移る。

次には朝倉家にいた明智光秀の仲介で、尾張の織田信長のもとに移る。そして、なかなか義秋が上洛できないでいる間に、京都の実質的支配者である三好三人衆に擁された、義秋の従兄弟の義栄が、永禄十一年二月に十四代将軍宣下を受ける。

同年四月に、おそまきながらの元服式を行った義秋は九月、名も義昭と改め、信長軍と共に上洛。三好三人衆の勢力を京都から追放すると、すでに病を得て死去してしまった義栄のあとを受けて、第十五代将軍に就任する。この段階では、人々の間で信長はまだ将軍を供奉《ぐぶ》する大名のひとりという認識であった。さらに義昭は信長に命じて、兄義輝も本拠としていた旧二条城を整備させ、将軍邸にふさわしい城郭とした。ここに室町幕府ゆかりの守護家などが続々参勤し、義昭の念願であった室町幕府が再興された。

　幕府を再興した義昭は、改めて信長に「室町殿御父《おんちち》」の称号を与えて報いた。さらに副将軍への推挙を朝廷へ申し入れるが、信長は受けなかった。

　幕府の再興だけを願った義昭と、武による天下統一を目指す信長の思惑は、全く違っていた。そして二人の間は徐々に悪化して行く。義昭は上杉謙信、武田信玄、毛利輝元、石山本願寺の顕如らに御内書を下し、信長包囲陣を形成していく。これに対し、元亀三年（１５７２）、信長は義昭に対して十七ケ条の意見書を送り、義昭を批判すると、両者の対立は決定的となり、ついに義昭は挙兵した。

　西上作戦を開始した武田信玄が三方ケ原の戦いで徳川軍を一蹴すると、窮地に陥った信長は、義昭に和睦を申し入れるが、義昭は拒否。信長は京都に入り知恩院に陣を張った。幕臣であった細川藤孝、明智光秀らも義昭を見限り、信長に就く。勢づく織田の大軍の前に義昭はしぶしぶ降伏し、京都から追放された。その後も義昭は諸大名に、信長打倒を呼びかけるが、もはや力のなくなった足利将軍に本気で加担する大名はいなかった。

　秀吉の時代となった天正十五年（１５８７）、義昭は京都に帰還、秀吉から山城の国槙島《まきしま》に一万石の領地を与えられ、斯波義銀、山名尭熙、赤松則房ら室町幕府の旧重臣たちとともに秀吉の御伽衆《おとぎしゅう》となり、晩年を過ごしたという。慶長二年（１５９７）、大坂で死去。歴代室町将軍のうちでは二番目に長命の六十一歳であった。

島左近

（1540～1600）

［しま・さこん］
三成には過ぎたる者といわれた石田三成の重臣。三成の禄高の半分をもって迎えられた猛将。

関ケ原の戦いの西軍の将、石田三成に三顧の礼を以て迎えられたという勇将。「三成に過ぎたるものが二つあり、島の左近と佐和山の城」と謳われた逸材である。

天文九年（1540）、大和の国（奈良県）平群郡の国人島政勝の子として生まれた。名は勝猛《かつたけ》、または清興《きよおき》。左近の名で知られているが、左近は通称である。自筆の手紙などには「島左」ではなく「嶋左」と署名してあり、少なくとも自身は「島」ではなく「嶋」と名のっていたことが分かる。

最初、大和で勢力のあった名門、畠山氏に仕えていたが、畠山の没落後、筒井氏に従属する国人のひとりとなった。わずか二歳で家督を継いだ筒井順慶を侍大将として支え、その功により重臣となったと伝えられる。

順慶は信貴山城の戦いで松永久秀を倒すと、大和を統一するが、病に冒されてしまう。左近は跡を継いだ順慶の甥定次とは合い入れず、筒井家を辞去する。その後は、蒲生氏郷に仕えたとも豊臣秀長に仕えたともいわれるが、多くの仕官の要請は断っていたらしい。

豊臣家の若きホープと目されていた石田三成から招かれた時も、同じように断るが、当時の三成の禄高四万石のうち半分を与えると破格の待遇を申し出られると、さすがの左近も受けない訳にはいかなかった。『常山紀談』にも「君臣、禄を分かつ」

と述べられている。

　左近が三成に仕えたのは、三成が佐和山十九万石の主《あるじ》となってからともいわれ、関ケ原の戦いまでの左近の動向は不明なことが多いが、少なくとも小田原征伐の頃には間違いなく三成に仕え、しかもすでに重臣であったと考えられる。

　関ケ原の戦いでは自ら陣頭に立ち、正面の黒田長政軍、田中吉政軍に突撃し、敵の銃弾を受け討ち死にする。その戦いぶりは「誠に身の毛もよだち、汗もほどばしる」と徳川方を戦慄させた。

　江戸初期、黒田氏の福岡城においても、関ケ原に出陣した老将たちが、その恐ろしさを語り継いだという。

　しかし江戸時代になっても左近生存説は根強く残った。義経のような「英雄不死伝説」かも知れない。『石田軍記』や『古今武家衰退記』などによると、左近は関ケ原のあと京都に落ちのび、潜伏して寛永九年（１６３２）に没したとされる。京都で左近を目撃したという者も相次いだという。左近の遺体は、大谷吉継の首級と同じで関ケ原では見つかっていない。

　また浜松市天竜区にいた島家二十三代の島茂雄氏によれば、左近は島金八と名を変え、百姓として暮らし、春になるとかつての部下を集めては桜の下で酒宴を催し、昔を偲んだという。この話を聞いた作家の隆慶一郎は左近を生存させて、傑作『影武者徳川家康』を執筆したらしい。

　さらに熊本の西岸寺《さいがんじ》の中興の祖、泰岩和尚は、鎌倉の光明寺で出家した左近の後身であり、細川忠興に小倉で仕えたあと、子息の忠利の熊本入国に際して、熊本に潜入し情報活動に務めた、と寺の由来記に残っている。

　なお、左近の娘の珠は柳生利厳の継室となっており、その子の剣豪として名高い柳生連也斉は、左近の孫にあたる。

豊臣秀長（１５４０～１５９１）

［とよとみ・ひでなが］
関白秀吉の異父弟。兄の秀吉の偉業をよく助け、大和大納言として諸侯から慕われた。

太閤豊臣秀吉の異父弟であるが、兄と違って温厚であり、秀吉をよく助け、秀吉の偉業達成に尽力した。

短期間で天下を治めた秀吉には、部下に先代からの宿老もなく、外には徳川家康、伊達政宗という大物の外様大名を相手にしなければならなかった時代で、よく調整役を務め、諸大名から大和《やまと》大納言《だいなごん》と尊敬を集めた貴重な人物である。

天文九年（１５４０）、竹阿弥の子として尾張の国愛知郡中村（名古屋市中村区）に生まれる。幼名は小竹《こちく》、その後、小一郎と改称し、兄秀吉に仕官した時は、木下小一郎長秀と名のる。信長と秀吉から一字ずつをもらったという。

その長秀が秀長となったのには面白い挿話《そうわ》がある。ずっと時代は下って、天正十二年（１５８４）、家康との小牧・長久手の戦いが終わり、信長の後継者として秀吉の天下が揺るぎないものとなったため、改名したという。つまり信長の長を上に、秀吉の秀を下にしていたのを、秀吉が天下人となったため、秀を上にして、上下ひっくり返したのである。

ともあれ、信長の在世中は、浅井・朝倉攻め、長島一向一揆討伐、三木合戦、鳥取城の戦いから、天正十年の本能寺の変の時の備中高松城の水攻めまで、つねに秀吉のよき補佐官、または代理人として活躍した。

天正十一年の賤ケ岳の戦いの

功により、秀長は播磨、但馬（兵庫県）の二ヶ国を拝領し、姫路城を居城にする。

そして翌年の小牧・長久手の戦いでの講和交渉には秀吉の名代を果たしている。

四国の長宗我部元親討伐には、病気の秀吉のかわりに総大将として十万の大軍を率いて進軍するが、長宗我部の激しい抵抗を受けて苦戦、秀吉からの援軍の申し出もあったが、断って奮闘し、ようやく降す。

秀吉からその功を賞でて、播磨、但馬二ヶ国に大和（奈良県）を加増されて、百十六万石となり郡山城に入った。

内政面でも辣腕を振るった秀長は、寺社勢力の強かった大和を見事に収めきった。検地など多くの政策を実施し、領民からも慕われ、朝廷から従二位大納言の官位を賜り、以降、大和大納言と尊称された。

天正十四年、九州の島津氏に攻められた大友宗麟が救援を求めて上洛してくる。

秀吉は宗麟をもてなした上、「私的なことは千利休に、公《おおやけ》のことは秀長に頼むがよい」といったという。

いかに秀長が政治面でも秀吉から信頼されていたかがよくわかる。

そして翌十五年、島津を征伐し、九州を平定するため、秀吉とともに、秀長は日向《ひうが》方面の総大将として出陣する。

援軍に駆けつけた島津義弘に夜襲を仕掛けられるが、藤堂高虎らが奮戦し、島津軍は薩摩に撤退、島津家久との間で講和が結ばれた。

天正十九年、秀長は郡山城内で病死。まだ五十二歳の若さであった。

歴史に「イフ」は禁物だが、ほぼ家康と同年齢だった秀長が、ずっと長生きしていたら、歴史は変ったに違いない。秀吉亡きあと、諸大名に慕われた秀長が、豊臣家を支えたなら、徳川の時代はなかったかも知れない。

浅井長政（１５４５～１５７３）

［あざい・ながまさ］
近江小谷城主。信長の妹お市を妻とし同盟を結ぶが、のち破棄して朝倉に就く。淀殿をはじめ浅井三姉妹の父。

北近江の大名浅井家の三代目。織田信長の妹お市を妻とし、信長と同盟を結ぶが、のち破棄し、織田軍に敗れて自害。浅井氏は滅亡した。

生き残った三人の娘たちは、長女は秀吉の側室、次女は京極高次の妻、三女は徳川秀忠の正室と、それぞれ数奇な運命を辿《たど》ったことで知られる。

天文十四年（１５４５）、浅井久政の嫡男として、六角氏の居城である南近江の観音寺城下（滋賀県近江八幡市）で生まれる。長政の祖父の亮政が越前朝倉氏の支援を得て、北近江を支配していた京極氏を倒し、江北第一の勢力を礎きあげるが、父の久政の代に南近江の守護六角氏との戦いに敗れ、六角氏に臣従。そのため、母の小野殿は六角氏の人質となっていたからである。久政は六角氏との外交に力を入れ、なんとか北近江を維持していた。長政の幼名は猿夜叉丸。長じて新九郎と称した。

十五歳で元服すると、六角氏の当主六角義賢から一字をもらって賢政と名のり、六角家臣の平井定武の娘と婚姻させられる。六角氏と浅井氏の臣従関係を、あらためて明確にさせるためであった。

しかし永禄三年（１５６０）、六角軍相手の野良田《のらだ》の戦いでは、十五歳の賢政が見事な采配を振るい、重臣たちを驚嘆させる。そして六角氏の横暴に不満を持っていた家臣たちは一挙に賢政に期待を寄せ始める。賢政も六角氏から離反する決意を固め、平井の娘を六角に返し、賢政の名も新九郎に戻した。

永禄六年、六角氏の筆頭家老の後藤賢豊が暗殺されると、多くの家臣たちが離散し、浅井氏を頼って来た。これに怒って軍を動かした六角氏を新九郎は撃破、領土を拡大させ、以後、六角氏とは膠着状態が続く。

一方、上洛への道を確保するため近江が欲しかった織田信長は、日本一の美女の誇れ高かった妹のお市を新九郎に与え同盟を結ぶ。典型的な政略結婚だったが、この夫妻は端《はた》が羨《うらや》むほど仲睦まじかったという。この婚姻を機に新九郎は信長から一字を拝領し、長政と改名した。

永禄十一年、信長は越前朝倉家から自分のもとに身を寄せていた足利義昭を奉じて、上洛を開始。信長と義兄弟となった長政もこれに加わる。途中で反抗する六角氏を撃破。これによって長政の永年の敵であった六角氏は南近江の甲賀郡に撤退、長政にとって南からの脅威はなくなった。

しかし、同盟を結んでいた信長は、元亀元年（１５７０）、朝倉は攻めないという約束を破り、徳川家康とともに越前への進軍を開始。朝倉に味方するか、信長に就くか、長政は苦悩する。

そして信長嫌いの父久政の説得に敗けた長政は、背後から信長を急襲するという策に出るが、その直前、夫と兄との戦いを心配するお市は、陣中見舞と称して信長に両端を縛った小豆入りの袋を届けさせたという。朝倉と浅井に挟まれれば逃げ場がないと、暗に知らせるためだった。

窮地を脱した信長は、続く姉川の戦いで浅井・朝倉軍を破ると、天正元年（１５７３）、長政の小谷城を包囲、怒涛の総攻撃を開始する。

死を覚悟した長政は、妻と娘を城外に待つ秀吉に託すと、城に火を放ち自害。わずか二十九年の生涯を閉じた。

筒井順慶（１５４９～１５８４）

［つつい・じゅんけい］
大和筒井城主。松永久秀の宿敵。本能寺の変のあとの態度で「洞ヶ峠」の言葉を生む。

領国の大和（奈良県）を巡って、梟雄《きょうゆう》と呼ばれた松永久秀と戦い続けた大和筒井城主。のち郡山城主となる。

天文十八年（１５４９）、筒井順昭の子として生まれる。翌年、父が病没したため、叔父の筒井順政を後見として、わずか二歳で家督を継ぐ。よく知られる順慶の名は出家後の名で、それ以前は十三代足利将軍義藤（のちの義輝）から藤を賜り、藤勝、ついで藤政と名のった。

当時の大和は、大和四家と呼ばれた筒井氏も含めた四家と興福寺の勢力が拮抗し、騒然としていた。そして順慶、十五歳の時、叔父の順政が死ぬと、後ろ盾を無くした順慶の弱みにつけこんで、松永久秀が奇襲を仕掛け、筒井城から追放してしまう。

永禄九年（１５６６）、三好三人衆と結託した順慶は、筒井城の奪還を目指し、松永軍への反撃を開始。久秀が他の戦場が忙しく、筒井城に軍勢を差し向ける余裕がなかったことも幸《さいわい》して、ついに順慶は筒井城奪還を果たした。

筒井城を取り戻した順慶は、その喜びを報告するため春日大社に参詣。その時、宗慶大僧都を戒師として得度、藤政から陽舜房順慶と改名した。

翌十年、再び三好三人衆と結んで、奈良大仏殿を占拠して久秀と対峙、久秀は大仏殿に火を放って勝利。久秀の悪業のひとつといわれる東大寺大仏殿焼き払いである。

永禄十一年、足利義昭を奉じて信長が上洛すると、三好三人衆も追放され、義昭は十五代将軍となり、畿内は信長によって平定された。そして抜け目のない久秀は信長に臣従し、大和は切り取り次第の許可を得ると、軍を率いて筒井城を包囲。順慶は城を捨て叔父の福住順弘を頼って落ちのびた。その後も順慶は幾度かの戦いを経て、ついに元亀二年（１５７１）八月、再び筒井城奪還に成功。以降、久秀の信貴山城と多聞山城をつなぐ経路が分断され久秀は劣勢に立たされることとなった。

　そして同年十月、明智光秀の仲介で順慶は信長に臣従することになり、また久秀も佐久間信盛を通じて信長の配下となったのでようやく両者は和睦する。

　順慶は天正四年（１５７６）には大和の支配を任され、同時に明智光秀の与力となった。

　翌天正五年、松永久秀が再度、信長に反旗を翻すと、順慶は信貴山城攻めの先鋒を務める。信長軍の総攻撃で城は落城、久秀父子は自害。ようやく順慶の怨敵、松永久秀は滅亡した。

　天正八年、順慶は住みなれた筒井城を捨て、郡山城を築城して移転、信長から正式に大和一国を与えられた。そして天正十年、明智光秀による本能寺の変が起こると、光秀から味方になるよう誘われるが、順慶は重臣たちと評定の上、羽柴秀吉への恭順を決めた。

　光秀は友と信じた順慶の加勢を期待して、洞ケ峠《ほらがとうげ》に布陣し、順慶の動静を見守ったが、順慶は動かなかった。これが後の世で曲がって喧伝され、順慶が洞ケ峠で動かず、光秀と秀吉の戦いを見て、どっちが勝つか見定めてから動こうと傍観したといわれる。「洞ケ峠」が日和見《ひよりみ》の代名詞となったのである。

　光秀の死後、秀吉の家臣となった順慶は、大和の所領は安堵され、二年後の天正十二年、三十六歳で病死。家督は養子の定次が継いだ。

蒲生氏郷
（１５５６～１５９５）

［がもう・うじさと］
会津若松城主。信長に見込まれ、その女婿となる。「100万の軍を任せたい」と秀吉にいわれた名将。

　近江日野城、伊勢松坂城、そして黒川（会津若松）城と治めた三つの領地で多くの実績を残し、名君と謳われた蒲生氏郷。内政だけではなく、秀吉をして「百万の大軍をまかせてみたい」といわしめた武将であり、さらに茶の道では利休七哲の筆頭とされた文化人でもあった。

　弘治二年（１５５６）、近江の国（滋賀県）蒲生郡日野で、六角義賢《よしかた》（承禎《じょうてい》）の重臣蒲生賢秀《かたひで》の三男として生まれた。蒲生氏は藤原秀郷《ひでさと》を祖とする藤原北家の一族で、鎌倉時代からの名門であった。幼名は鶴千代。初名は賦秀《やすひで》、通称は忠三郎、洗礼名はレオン（レオ）。

　永禄十一年（１５６８）、観音寺城の戦いで六角氏が滅亡すると、父の賢秀は鶴千代を人質に差し出して、織田信長に臣従した。鶴千代、十三歳の時だった。そして、鶴千代を一目見た信長は「蒲生が子息、目つき常ならず。只者にては有るべからず、我が婿にせん」と喜んだという。事実、翌十二年、鶴千代は十四歳で初陣を飾ると、信長の娘冬姫を娶《めと》って日野に帰る。

　元亀元年（１５７０）、氏郷は柴田勝家の与力となり、千騎で朝倉攻めに参加、さらに姉川の戦い、長篠の戦いなどに従軍し、多くの武功を挙げた。

　天正十年（１５８２）の本能寺の変で信長が討たれると、氏郷は安土城にいた父の賢秀に連絡をつけ、城内にいた信長の側室や一族の女房衆を保護し、自身の居城日野城へ収容。武装して明智光秀に備えた。

　光秀は近江の長浜、佐和山、安土の各城を攻略し、次は日野城攻略という寸前、急ぎ帰って来た秀吉軍との山崎の戦いで敗死、辛くも日野城は生き残った。

　その後は、清洲会議をまとめ、信長の天下統一事業を引き継いだ羽柴秀吉に従い、賤ケ岳の戦い、さらにつづく小牧・長久手の戦いでは多くの戦功を挙げた。戦後、その功により、伊勢松ケ島十二万石に加増、転封となる。

　またこの頃、大坂でキリスト教の宣教師オルガンティノから洗礼を受け、レオンの名をもらった。同じ頃、日本名も賦秀から氏郷と改めている。

　天正十八年、小田原征伐を終わった秀吉は、一連の統一事業に功のあった氏郷に陸奥《むつ》の国（福島県）会津に四十二万石、のち検地、加増により九十一万石となる大領を与えた。

　黒川と呼ばれた城下を若松と改め七層の天守を持つ城を築城、氏郷の幼名にちなみ鶴ケ城と命名。若松の名は氏郷の出身地近江日野城近くの馬見岡綿向神社の参道にあった「若松の森」に由来しているという。

　氏郷は商業を重視し、旧領の日野や松坂からも多くの商人を若松に招き、楽市楽座の導入や手工業の奨励なども積極的に行い、江戸時代に続く会津藩の基礎を築いた。

　文禄二年（１５９３）、体調を崩した氏郷は、翌年、養生のため上洛し、諸大名を招いて大きな茶会を催したが、この頃には病状がさらに悪化し、文禄四年、惜しまれながら伏見の蒲生邸で死去。四十歳だった。

かぎりあれば
吹かねど花は散るものを
心みじかの　春の山風

　氏郷が自分の早世を嘆いた辞世の歌である。作家の山田風太郎はその著『人間臨終図鑑』の中で「戦国武将の絶唱としては白眉である」と讃えている。

別所長治（1558〜1580）

［べっしょ・ながはる］
播磨三木城主。成り上がりの秀吉が気に入らず、信長に反逆。「三木の干殺し」といわれた兵糧攻めで滅亡。

いまはただ
　うらみもあらじ諸人《もろびと》の
　　いのちにかわる
　　　我が身とおもえば

播磨の国三木城（兵庫県三木市）の若き城主、別所長治が、織田方の羽柴秀吉の二年間にわたる兵糧攻めのあと、ついに城中の将兵の命と引きかえに自害した時の辞世の歌である。

永禄元年（1558）、三木城の別所安治の嫡男として生まれた。別所氏は、播磨の守護赤松氏の血を引く名門であった。通称は小三郎。妻の照子は丹波の波多野秀治の妹といわれる。

元亀元年（1570）、父の死によりわずか十二歳で、叔父の別所吉親、重宗を後見として家督を継ぐ。

別所氏は早くから織田信長に臣従していた。家督を継いだ長治も天正三年（1575）には信長に謁見、親しく言葉を賜っている。翌年も年頭の挨拶に訪れている。さらに翌々年の天正五年の紀州征伐にも出陣、織田軍を助勢している。

そんな長治が、なぜ信長に反旗を翻したのだろうか。それは長治の、中国方面の総司令官である羽柴秀吉に対する嫌悪感からといわれる。

信長の先陣として、黒田官兵衛から提供された姫路城を本拠として、播磨の諸将を召集する秀吉。名門の長治からみれば、鼻持ちならぬ成り上り者、それも信長の威を借るだけの秀吉を、腹の底から軽蔑したからだった。

　天正六年、妻の実家である波多野氏と呼応して、秀吉に、つまり信長に反逆する。その頃、上月《こうづき》城の尼子勝久救援のため、毛利軍と対峙していた秀吉は、尼子の救援を打ち切り、三木城攻撃に作戦を転換する。

　強固な三木城にこもった八千の別所軍は、二万の秀吉軍に一歩も引かない。

　荒木村重の謀反という好条件もあって、一度は秀吉軍を撃退するが、やがて数に勝る秀吉軍は、三木城の支城である神吉城、志方城などを次々と落とし、兵《ひょう》糧《ろう》を断つ作戦に出る。水攻めとともに秀吉の得意とする城攻めの戦法である。

　長治からの要請を受けた毛利軍も、いろいろな手を使って三木城に食糧を運び入れようとするが、すべて秀吉軍に阻《はば》まれてしまう。

　そして、籠城してから二年、ついに城内の食糧は尽き、城兵はもはや鎧をつけて動く体力もなくなった。

　長治は自分と弟の友之、叔父の賀相《よしすけ》の命と引きかえに城兵の助命を願って降伏を申し入れる。

　降伏を許した秀吉は、城内に最後の食糧を送り込む。かつてあれほど蔑《さげす》んだ秀吉の厚情に感激した長治は、これで君臣最後の宴を催し、妻子を刺し殺し、自ら命を絶った。わずか二十三年の生涯だった。

　この三木城の攻防は、のち「三木の干殺《ひごろ》し」として、備中高松城の水攻めとともに、悲惨な城攻めの典型として、後《のち》の世まで語り継がれるようになる。

　いまも三木市の上の丸公園には、前述の辞世の歌碑とともに長治の騎馬像が立っていて、毎年、長治の祥月命日の一月十七日には菩提寺の雲龍寺で法要が営まれる。

　飢餓に苦しんだ城兵が藁《わら》をも食べたという故事に因《ちな》んで、藁に見立てたうどんが振るまわれるという。

石田三成（１５６０〜１６００）

［いしだ・みつなり］
近江佐和山城主。秀吉の知恵袋として頭角を現わすが秀吉の死後、家康と対決。西軍の将として関ケ原で敗死。

天正二年（１５７４）のある日、近江長浜の城主で、後の豊臣秀吉が、鷹狩りの帰りに喉《のど》の渇《かわ》きを覚え、近くの観音寺という寺に立ちより茶を所望した。その折、接待に出た寺小姓は、最初にぬるい茶を、次にやや熱めの茶を、最後にとびきり熱い茶を出した。

この寺小姓の細《こま》やかな心配りに感服した秀吉は、すぐに家臣として召しかかえた。この寺小姓こそ少年の日の石田三成だったという有名な「三杯の茶」のエピソードである。

三成は、永禄三年（１５６０）、石田正継の次男として近江の国坂田郡石田村（滋賀県長浜市石田町）で誕生した。幼名は佐吉。官位から治部《じぶ》少輔《しょうゆう》の名で知られる。

石田氏はその出自の地名でわかるように土地の土豪であった。父正継と兄正澄があらたに長浜城主となった秀吉に仕えると、三成も小姓となった。

天正十年（１５８２）の本能寺の変で信長が急死すると、次の天下人として羽柴秀吉が台頭、三成もその側近として活躍してゆく。柴田勝家を敗る賤ケ岳の戦いでは一番槍の功名を挙げた。またその後の小牧・長久手の戦いでも戦功を残す。

天正十四年、秀吉が関白に就任すると、三成は近江水口四万石に封じられた。翌年、名将として天下に知られた島左近を知行の半分で召し抱える。さすがの秀吉もこれには驚愕し、そして賞讃、左近に菊桐の紋入りの羽織を与え、三成への忠誠を誓わせたという。そして秀吉の九州平定などの兵站を担当した三成は秀吉幕閣の中で武勇よりも能吏としての名を高めていった。

九州平定後も、博多奉行として博多の町割りや復興に抜群の才能を見せる。ただ小田原征伐の際の忍城攻めでは苦戦し、武功は挙げられなかったが、奥州仕置後の検地奉行を務めるなど着実に実績を重ね、吏僚としては秀吉配下で三成の右に出るものはいない、とさえ噂されるようになった。

天正十九年、三成は近江佐和山に入城するが、これは蔵入地の代官として入ったものでいわば、城代としての入城だったが、文禄四年（１５９５）、佐和山十九万四千石を与えられ、正式に佐和山城主となった。

秀吉の死後、豊臣の家督は秀頼が継ぐが、政権の内部では三成をリーダーとする文治派と、加藤清正、福島正則らの武断派が対立。

さらにそれを煽った徳川家康の横暴が激しくなり、家康に次ぐ五大老のひとりだった前田利家が死ぬと、事態はさらに深刻となり、ついに慶長五年（１６００）、三成を中心として毛利輝元を戴く西軍と、徳川家康のもとに集った東軍の間で関ケ原の戦いが勃発。

三成は盟友大谷吉継を味方に引き入れるが、豊臣恩顧の大名を取り込んだ家康軍の勝利となり、敗れた三成は再起を期して自身の領地である古橋村に身を潜める。しかし捜索をしていた田中吉政の隊に捕縛され、家康の命により、京都六条河原で斬首。才子石田三成の四十一年の生涯であった。首は三条河原に晒された後、大徳寺の三玄院に葬られた。辞世は、

筑摩江や
芦間に灯すかがり火と
ともに消えゆく
我が身なりけり

京極高次
（1563〜1609）

［きょうごく・たかつぐ］
若狭小浜城主。山崎の戦いで光秀に就くが破れたのち、関ケ原の戦いで家康に臣従。

永禄六年（1563）、京極高吉と浅井長政の姉慶（マリア）の長男として、浅井氏の居城であった北近江の小谷城で生まれた。幼名は小法師。

もともと京極氏は北近江の守護で、本来なら浅井氏の主筋にあたる。ところが下剋上で、当時浅井氏の比護を受けていたため浅井氏の居城で生まれたという。

のち妹の竜子が秀吉の側室となり、高次もまた浅井長政と信長の妹お市との間で出来た浅井三姉妹の次女、つまり秀吉の側室淀（茶々）の妹の初を正室としたため、彼女たち、女性の力で出世したとされた。そこで陰で囁かれた名が「蛍大名」だった。しかし高次は決して無能な人物ではなかった。

天正十年、信長が明智光秀に討たれると、高次は当時妹の竜子の嫁ぎ先であった若狭の武田元明とともに光秀に加担する。しかし、山崎の戦いで光秀が敗れると元明は自ら命を絶った。高次は美濃、若狭と逃げまわり、柴田勝家に庇護されていたが、夫の死後、秀吉の側室となった妹の竜子の嘆願により、高次は許される。そして秀吉に仕えることとなった。

天正十四年、九州征伐の功により秀吉より一万石を与えられ、大溝城主となる。

翌天正十五年にかつての家臣であった浅井長政の次女初を正室とした。さらに天正十八年には小田原征伐の功により、近江八幡山二万八千石の大名となる。

そして文禄四年（1595）には近江大津城六万石に加増された。官位もかつての守護京極家にふさわしい従三位参議に任ぜられる。めざましい出世であった。

秀吉が没したあと、慶長五年（1600）、家康と石田三成の対立はいよいよ深まり、関ケ原の戦いに至るわけだが、地の利もある大津城のため、三成、家康、双方からの誘いが高次のもとにやってくる。

会津の上杉を討つため大坂を発った家康は、自ら大津城へ立ち寄り、高次を説得した。これに応え、高次は弟の高知と家臣の山田大炊《おおい》を家康に従わせる。

一方、三成も諸将に家康打倒の呼びかけを急ぎ、高次も朽木元綱らから盛んに三成側に就くよう求められ、三成も大津城にやってくる。

そして高次は、一度は西軍に加担することを決め、大坂に嫡男の忠高を人質として送る。そうしながら西軍の動きを家康にも伝えていた。迷いに迷った高次は、西軍とともに大坂城を出発するが、越前の東野まで来ると、急遽とって帰して大津城に戻るという奇妙な行動に出る。城に兵糧を運び入れ籠城の準備をし、家康には西軍を迎え討つ意志を伝えた。

この報はすぐ大坂へと伝わり、毛利の大軍が大津へと押し寄せる。寄せ手は四万ともいわれる大軍だったが、高次は七日間にわたる籠城に耐え抜いた。

そして、ついに降伏した高次は、城を脱出し高野山へ逃げこむ。開城したその日が関ケ原の戦いの日であった。

大津城に足どめを食った毛利の軍勢は結局、関ケ原に間に合わなかった。

戦後、この功により高次は、若狭一国八万五千石を与えられ、小浜城の築城に着手し、城下町の整備も始める。以降、家康の厚い信頼も得たという。

木村重成（１５９３〜１６１５）

［きむら・しげなり］
豊臣秀頼の乳兄弟として大坂城で育つ。大坂夏の陣で討ち死にする若き武将。

木村重成といえば、大坂夏の陣で獅子奮迅の活躍のあと、見事に豊臣家のために散った颯爽とした若武者のイメージがある。戦前、日本中に読まれていた『講談社の絵本』にも登場している。

文禄二年（１５９３）、木村重茲の子として生まれたという。父と兄は豊臣秀次に仕えていたが、秀次謀反の事件に連座して切腹させられた。母の宮内卿局は、豊臣秀頼の乳母《うば》となったため、重成は幼少から秀頼の小姓として大坂城内で育った。

重成の母が乳母になったわけは、お伊勢参りの途中、大坂に宿泊した際、たまたま秀頼の乳母を探していた豊臣の家臣の目にとまったからで、そのまま大坂城に入ったという。

九州の佐土原藩があった宮崎市佐土原町に重成誕生の地があるというが、多分そこで生まれた重成を連れてのお伊勢参りだったのだろう。大坂城では、重成は秀頼の乳兄弟として育った。

秀頼から全幅の信頼を受け、重臣として常に秀頼の側にあった。関ケ原の前年の慶長四年（１５９９）、豊臣家と家康の仲が険悪となると、大野治長らとともに重成は開戦を強く主張するが、淀殿らの反対に会い、断念する。

そして当時、家康側との唯一のパイプだった片桐且元《かつもと》が、徳川方の間諜の疑いで大坂城から追放されるが、これも重成が主謀者だったといわれる。

　初陣は慶長十九年の大坂冬の陣で、その時は今福砦攻防戦で、後藤又兵衛とともに徳川軍と互角に戦い、強者《つわもの》として木村重成の名は世に広まった。

　冬の陣は、家康の提案で和議となり、重成は秀頼の正使として、岡山に滞陣していた徳川秀忠から誓書を受けとる役を命じられるが、その際の礼にかなった進退に、同席していた諸将はみんな感服したという。

　慶長二十年五月に大坂夏の陣が始まるが、その前の一月、重成は大蔵卿局の姪の青柳を妻に迎えるが、出陣の時には妻のお腹に新しい命が宿っていたという。

　和議の条件に反し大坂城は徳川方の手によって外堀、内堀は埋めつくされ、裸城に近くなっていた。すでに死を覚悟した重成は、討ち取られた時に醜くならないように食を断ち、兜には香を焚《た》き込め、新妻と別れの盃を交わして出陣したという。

　重成は豊臣方の主力として軍を若江（東大阪市）方面に展開。井伊直孝軍と対峙、赤備えの強兵として名高い井伊と激闘の末に、井伊家の安藤重勝に討たれ、戦死する。首実験のため首級が家康に届けられたが、その頭髪にも香が焚きこめてあって家康を感嘆させたという。

　重成の死から二百年も経った文政十一年（１８２８）、大坂で奇妙なブームが起きた。

　毎日、玉造口から若江までの七キロに庶民がびっしり集って夜昼かまわず提灯《ちょうちん》を持って「残念じゃ、残念じゃ」といって重成の墓に参った。大坂町奉行所も沈静化に乗り出す騒ぎとなったが、重成を「残念様」と呼び、願をかけると願い事が叶う神として恭ったのだという。三ケ月で騒ぎは収まったというが、忘れられた頃、そして不況になると、またこの「残念様」は起きた。

　いま思うと、庶民たちの憂さばらしだったのではないだろうか。大坂らしい話ではある。

豊臣秀頼
（１５９３〜１６１５）

［とよとみ・ひでより］
太閤秀吉の遺児。母は浅井長政の長女淀の方。大阪夏の陣で母とともに自刃。

文禄二年（１５９３）、当時、五十七歳の豊臣秀吉と側室の淀殿との第二子として誕生。第一子の鶴丸は夭逝しているため、秀吉の唯一の後継者である。母の淀殿は、織田信長に亡ぼされた浅井長政とお市との間の長女であることはご存知の通りだ。

幼名は拾《ひろい》と名づけられ、子供の健《すこ》やかな成長を願う当時の慣習として、いったん捨てた形にして、家臣の松浦重政が拾いあげた。

秀頼が誕生した時には、秀吉の姉の子である秀次が関白を譲られ、秀吉の後継者として誰からも認められていた。

当初は秀吉も、秀次の娘と秀頼を結婚させ、秀吉から秀次、そして秀頼という政権の交替を考えていたが、やはりわが子可愛さのため、秀次謀反の罪をでっち上げ、秀次から関白の職を奪い、自刃させてしまう。これで秀頼の後継者としての地位は確定し、秀吉は秀頼への忠誠を誓う起請文に、各大名に血判署名させている。

秀吉の死後、石田三成と徳川家康との対立が激しくなり、関ケ原の戦いとなるが、両軍とも大義名分は「秀頼公のため」であった。しかし、勝者となった家康の専横ぶりは、一段と度を増し、豊臣家は二百二十万石の領地から一転、摂津、河内、和泉の直轄地六十六万石の一大名の地位に落とされてしまう。

慶長八年（１６０３）、家康は朝廷から征夷大将軍を賜り、江戸に幕府を開く。もはや誰の目から見ても天下は豊臣家から徳川に移ったことは明らかだった。同年、秀吉の生前から決まっていた家康の孫千姫と秀頼は結婚。千姫の母は淀殿の妹江であったからふたりは従兄妹《いとこ》同士の婚姻ということになる。

　成長した秀頼は、慶長十七年、加藤清正らに守られて上洛、二条城において家康と対面する。家康にとって、幼児の頃は別とすれば、初めてみる秀頼だった。秀頼は身長１９７㎝、体重１６１㎏の並み外れた偉丈夫だったという。その巨体から醸し出されるカリスマ性に家康は恐怖さえ覚え、徳川の将来が不安となり、豊臣家の滅亡を決意したともいわれる。

　その家康の決意をさらに固くさせたのが、方広寺鐘銘事件である。秀頼が京都の方広寺の大仏を復興し、梵鐘を鋳造したが、その鐘名に「国家安康」「君臣豊楽」の文字があって、これは家康を二つに割り、豊臣を栄えさせる意味であり、徳川への呪《じゅ》詛《そ》であるという。そしてこれが大坂冬の陣、さらに豊臣氏を滅亡させる口実となった。

　大坂城には関ケ原の戦いで改易された元大名や浪人達数万が入城した。真田幸村、後藤又兵衛基次、長宗我部盛親など著名な武将もいた。しかし城側の大野治長、淀殿たちとの統制もうまく行かず、当初勢いのあった大坂方もやがて苦戦、家康の提案で和議となる。

　そして翌年、和議の条件が不履行であるとして再び両者が対立、夏の陣が始まる。幸村は家康本陣まで迫る活躍を見せるが、ついに討ち死に、大坂城天守閣は炎上。秀頼と淀殿は互いに刺し違え、大野治長らとともに自害し果てた。秀頼はまだ二十三歳であった。

　秀吉の遺児国松は逃亡したものの捕えられて処刑され、貧乏百姓から天下人にまで上りつめた秀吉の豊臣氏は完全に滅亡した。

中国・四国編

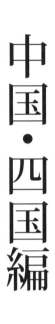

尼子経久
（１４５８〜１５４１）

［あまご・つねひさ］
名城として知られた月山富田城主。出雲をはじめ11ヶ国の太守となったが、のち毛利氏に滅ぼされる。

　堅固な山城として有名な月《がっ》山《さん》富《と》田《だ》城に拠って、出雲《いずも》（島根県）を中心に十一ケ国の太守といわれた尼子経久。しかし実質上支配下に置いたのは、出雲、石見《いわみ》、隠岐《おき》、伯耆《ほうき》、備後《びんご》の山陰五ケ国であり、あとは取ったり取られたりの流動的な支配であった。

　北条早雲と並ぶ下剋上の典型といわれ、経久と毛利元就、宇喜多直家の三人は、中国の三大謀将とも称された。

　長禄二年（１４５８）、出雲の守護代尼子清定の嫡男として生まれた。幼名は又四郎。尼子氏は源氏の嫡流佐々木導誉《どうよ》の孫である高久が、近江の国尼子郷に住んだことが始まりという。高久の子の持久、つまり経久の祖父の代に、京極氏が守護の出雲に、守護代として赴いたのである。

　経久は、十五歳の時、人質として守護京極政経の京屋敷に送られ、五年間を過ごす。京都で元服し、京極政経の経を賜って経久と名のる。

　五年目に京都滞在を終え、出雲に帰り、父から家督を譲られた。

　出雲に戻った経久は、次第に国人たちと深く結び、勢力を広げてくると、これを懸念した京極政経は、経久の守護代職を剥《はく》奪《だつ》し、文明十六年（１４８４）、月山富田城から追放してしまう。

　しかし、二年後に力をつけた経久は、守護代に返り咲き、月山富田城を奪い返す。

　毎年元旦、朝早くから芸人たちが太鼓、笛、鼓を打ち鳴らして万歳を舞い、鳥追いを行うのが、月山富田城の恒例の行事だった。

　文明十八年、経久は芸人たちを密かに武装させて城内に潜入させ、自らは兵を連れて勝手知ったる城の搦手《からめて》から忍び入り、合図とともに一斉に蜂起、あっという間に四百五十人を殺害したといわれる。

　武力よりも謀略によって、山陰の覇者になった経久だったが、やはり人間的魅力があったのではないだろうか。経久だから広い領土の武士たちの心を束ねることが出来たのだ。

　実際、経久の後を継いだ孫の晴久は、一時はさらに領土を広げるが、毛利元就が仕組んだ謀略によって、いったんは手に入れた石見《いわみ》銀山をふたたび奪われ、子の義久の代に滅亡する。家祖の持久から数えてわずか五代であった。

　経久が嫡孫の晴久（詮久）に家督を譲ったのは天文六年（１５３７）であった。

　相変らず中国の大勢力だった大内氏との戦いは、戦闘と和睦を繰り返したが、天文九年、ついに和睦は破綻、大内氏との早期決戦を目指した尼子氏は、まず大内傘下の毛利氏の討伐に乗り出す。

　当初は周囲の形勢からみて、尼子有利であり、その軍勢は援兵も加わり三万騎にふくれ上がった。

　その大軍を率いて尼子晴久は、毛利氏の吉田郡山城を包囲するが、翌年まで戦闘は続き、陶晴賢《すえはるかた》率いる大内の援兵二万騎がかけつけ、激戦となり、晴久はついに敗北。尼子氏は安芸《あき》での地盤を失ってしまう。

　そして、尼子の前途に危惧を抱きつつ病床にあった経久は、天文十年、月山富田城内において死去。

　戦国武将としては稀にみる長寿の八十四歳であった。

毛利元就（１４９７〜１５７１）

［もうり・もとなり］
大内氏、尼子氏を滅ぼして中国地方最大の領土を得た英傑。「三本の矢」で有名。

　中国の覇者、毛利元就といえば「三本の矢」で有名である。死に臨んで元就は、隆元、元春、隆景の三人の息子を枕元に呼び寄せ、まず一本の矢を渡して折らせ、次に三本の矢束《たば》を折るよう命じた。三人の息子は一本の矢は軽く折ったが、三本の矢束は誰も折ることが出来なかった。一本では簡単に折れる矢でも三本まとまれば誰も折ることは出来ない。つまり一人では無理でも、三人が力を合わせれば、どんな難局でも突破出来るという教えである。しかし実際には長男の隆元は、父の元就よりも早世しているので、この逸話は後世に作られた創作であろう。あるいは実話ならもっと若く、元気な頃の話かも知れない。

　元就は明応六年（１４９７）、安芸《あき》（広島県）の国人領主毛利弘元の次男として誕生。幼名は松寿丸。毛利家の遠祖は、源頼朝を助け、鎌倉幕府創立に貢献した大江広元といわれ、広元の四男季光《すえみつ》が毛利氏を名のり始め、下って元春の代に安芸の吉田郡山を本拠地とした。そして、元春の孫光房の頃から中国地方の大大名大内家に臣従して来た。光房の玄孫が元就である。

　永正十三年（１５１６）、元就の兄興元《おきもと》が急死、続いてその後を継いだ興元の嫡男幸松丸もわずか九歳で亡くなると、重臣たちの推挙により二十七歳の元就が毛利家の当主となった。この家督相続問題を契機として、毛利氏はこれまで良好な関係を続けてきた出雲の尼子氏と縁を切り、改めて大内義興傘下という立場を明確にした。

天文九年（１５４０）、尼子晴久率いる三万の大軍が毛利の本拠地吉田郡山城に押し寄せた。元就はこの窮状によく耐え、翌年、大内の援軍もあって勝利する。勢いに乗る元就だったが天文十四年、最愛の妻である妙《みょう》玖《きゅう》が急死。落胆した元就は翌年、当主の座を長男隆元に譲り、隠居を表明するが、元就の本格的な活躍はこれからだった。

命令を聞かない家臣たちは追放し、婚姻や養子縁組で他家との同盟を強くし、勢力を拡大していった。母の実家である吉川家へは次男の元春を送り込み、後継問題でもめる小早川家には、謀略によって家中を分裂させ、三男の隆景を後嗣とさせた。これによって瀬戸内海に勢力を持つ、小早川家の水軍を手に入れ、「毛利両川体制」を確立、安芸一国をほぼ掌中にした。

天文二十年、大内家の重臣陶晴賢が裏切りの兵を起こし、大内義隆を殺害すると、元就もこれに味方のふりをしながら、次々と自らの勢力を広げていった。そしてついに元就の生涯最大の戦いとなる厳島《いつくしま》の戦いとなる。弘治元年（１５５５）、陶晴賢は二万の大軍を率いて山口を出発、厳島に築かれた毛利氏の宮尾城を攻略。元就は奇襲につぐ奇襲でこれを破り、周辺の制海権を持つ村上水軍も味方につけ圧倒的な勝利を収めた。晴賢は自刃、元就は大内氏の領地をすべて手に入れた。

しかし、最後の敵、尼子の居城の月山富田城攻めの最中、長男の隆元が急死してしまう。あとを継いだ孫の輝元を元就はよく補佐し、永禄九年（１５６６）、ついに尼子氏は降伏した。こうして元就は、一代にして中国地方八ケ国を支配する覇者となった。元亀二年（１５７１）、三月に花見の会を催したあと、六月、吉田郡山城にて七十五年の生涯を閉じた。

大内義隆

（１５０７〜１５５１）

［おおうち・よしたか］
毛利氏に滅ぼされるまでは中国地方の雄として君臨。中心地山口は「西の京」と呼ばれた。

西国の雄で、周防《すおう》、長門《ながと》、石見《いわみ》、安芸《あき》、豊前《ぶぜん》、筑前《ちくぜん》六ケ国の守護を務めた大内氏のルーツは古い。伝承によれば、大陸からの渡来人の王子が祖だという。昔から大陸貿易を通じて繁栄を築いて来たのも、その辺が理由なのかも知れない。

義隆の時代、政治の中心地、山口は、「西の京」と呼ばれ、文化の華が開いた。義隆は京都の三条西実隆などの文化人とも深く交流し、和歌や連歌、さらに芸能まで公家《くげ》文化への関心が強く、自らも衣冠束帯姿で牛車《ぎっしゃ》に乗るという京貴族そのままだったと伝えられる。

またイエズス会のフランシスコ・ザビエルを招いて布教を許すなどの開明的な君主でもあった。

山口には明国人たちが居留する「唐人小路」なるものもあり、また大陸から本を輸入する、いまでいえば洋書取次店にあたる「唐本屋《からほんや》」もあったという。そこにあった『大蔵経』などの仏典を独自の大内版にして出版するという、当時では稀有な事業も行っていた。

永正四年（１５０７）、大内義興の嫡子として、大内館《やかた》で生まれた。正室は公家の万里小路《まりのこうじ》秀房の娘の貞子であり、戦国の武将の多くは、武将同士の娘を娶っているのにくらべ、珍らしいといっていい。やはり貴族趣味を持った名門だったからであろう。

幼名は歴代の大内氏の嫡子が

名のっていた亀童丸。義隆の義の字は室町十二代将軍足利義晴から元服の際に受けたものという。

　享禄元年（１５２８）、父の死去に伴い、二十二歳で家督を継ぐ。戦国の当時、家督相続の際には一族重臣の間で内紛があるのが常であったが、義隆の場合、何も起きなかったのは、重臣の陶《すえ》興房《おきふさ》の補佐が大きかった。

　興房のおかげで当主の地位に就き、その子の隆房（晴賢）によって殺害されるとは、歴史の皮肉と言わざるをえない。

　この時代、鎌倉・室町時代からの守護大名の名門が、次々に守護代や有力国人たちの、いわゆる下剋上によって滅亡させられていたことを知らない義隆ではなかったが、あえて現実から逃避し、学問や芸能などに溺れていったのは、やはり名門のわがまま御曹司《おんぞうし》だったのかも知れない。

　天文十年（１５４１）、出雲の尼子経久が死去すると、翌年、自ら兵を率いて月山富田城を囲むが、配下の国人衆の寝返りにあって大敗。これが契機となって義隆は、領土的野心を失って、文治派というべき重臣を重用し、武断派の陶晴賢らと対立するようになったとも言われる。

　また、戦国武将には珍しくないが、義隆も衆道（男色）を好み、耽溺《たんでき》し、政治をおろそかにしたのかも知れない。

　天文二十年、義隆と険悪な関係となった陶晴賢はついに謀反の兵を挙げる。重臣たちもこれを見て黙認し、救援することはなかった。もはや義隆を見限っていたのだろう。

　暴風雨のため身動きも出来なくなった義隆は、長門深川の大寧寺までたどりつくと、そこに立てこもったが所詮、多勢に無勢、ここまで従ってくれた冷泉隆豊の介錯で自刃、四十五年の生涯に幕を下ろし、周防の名門、大内氏も事実上ここに滅びたのである。

吉川元春（１５３０〜１５８６）

［きっかわ・もとはる］
中国地方の覇者毛利元就の次男。吉川家を相続。その軍事能力は天才といわれた。

戦国の雄、毛利元就の次男。母は吉川国経の娘の妙玖。同母の兄弟に兄の毛利隆元、弟の小早川隆景がいる。元春が継いだ吉川家は藤原南家の流れを汲む安芸の名門である。

　享禄三年（１５３０）、安芸吉田郡山城で生まれた。通称は少輔次郎。出雲の尼子晴久が侵攻した吉田郡山城の戦いでは、父の反対を押し切って出陣し、見事な活躍ぶりを見せて、初陣を飾った。まだ元服前だった。天文十二年（１５４３）、兄の隆元より元の字を戴き、元春と名のる。

　天文十六年、母方の従兄《いとこ》である吉川興経《おきつね》の養子となる。続く天文十九年、元就は興経を強制的に隠居させると元春に家督を継がせた。さらに家臣に命じて興経とその子千法師を殺害させる。すべて元就の調略だったという。そして元春は「毛利の両川」と呼ばれ、山陰地方の政治、軍事を担当。毛利発展の礎を築くのに貢献する。

　弘治元年（１５５５）の厳島の戦いでは、吉川軍を率いて、陶晴賢の大内軍を撃滅。十年後の永禄八年（１５６５）の第二次月山富田城の戦いでは毛利軍の主力として参戦、輝くような武功を挙げ、晴久の後を継いだ尼子義久を降伏させる。尼子氏が栄えていた山陰地方に、毛利氏が勢力を広げられたのも、元春の天才といってもいい軍事力のせいであった。

　他方、彼はまた和漢の学に長

じ、『古今和歌集』『源氏物語』『太平記』などが愛読書だったという。この月山富田城の戦いの二年近くの間も暇《ひま》を見つけては『太平記』の筆写に余念がなかったという話は有名で、彼の写した『太平記』は吉川本といわれ全四十巻を完備していることから、古典の研究上きわめて貴重な資料とされ、昭和三十四年には国の重要文化財にも指定されている。

元亀二年（１５７１）、父元就が死去すると、その後を継いだ兄隆元の嫡男輝元を弟の隆景とともに補佐する立場となった。一方、元春に敗れた尼子勝久らは中央で勢力を拡大してきた織田信長を頼り、その援助を受けて抵抗を続けていく。天正六年（１５７８）、元春は勝久や忠臣の山中鹿之介が籠る上月城を攻撃し、勝久を自刃させる。鹿之介も処刑され、ここに宿敵尼子氏は完全に滅亡した。

その後も、元春率いる毛利軍は各地で中国侵攻の織田軍と戦い続けるが、天正八年、三木城が落城、城主別所長治は自害。続いて備前の宇喜多直家も織田方に寝返り、さらに豊後の大友宗麟が織田と呼応して毛利領に侵攻。毛利氏は日の出の織田氏のため、次第に劣勢となっていった。

そして天正十年、清水宗治の籠る備中高松城が羽柴秀吉に攻撃されると、元春は輝元、隆景とともに救援に赴くが、その時、勃発したのが本能寺の変だった。その報を知った秀吉は急遽、毛利方と和議を結び、世に言う中国大返しによって京へ急ぐ。翌日、雑賀衆からの情報でこの事を知った元春は、ただちに追撃を主張したが、弟の小早川隆景に無謀と制止され断念したといわれるが、もし毛利の大軍が追撃していたらその後の天下はどうなったかわからない。

秀吉嫌いで有名だった元春が、弟の隆景に説得され、しぶしぶ九州平定に参加、その途中、豊前小倉城で死去。享年五十七。

小早川隆景（１５３３～１５９７）

［こばやかわ・たかかげ］
毛利元就の三男。小早川家を相続して、兄の吉川元春とともに「毛利の両川」と呼ばれた。

毛利元就の三男で、兄に毛利隆元、吉川元春がいる。父元就の陰謀により、竹原小早川家を継承し、のち沼田小早川家も継承、そして両家を統合した。

兄元春とともに毛利の両川として父元就を助け、元就の死後は甥の毛利輝元をよく補佐し、事実上の毛利家の主導者といっていい。豊臣秀吉に信頼され、秀吉の晩年には、豊臣政権の大老のひとりとなった。

天文二年（１５３３）、吉田郡山城で生まれた。母は兄ふたりと同じ妙玖。幼名は徳寿丸。通称は又四郎。別名は筑前宰相、三原中納言。

剛直な兄元春とは異なり、隆景は父ゆずりの謀略に長けた智将といってよく、毛利家の運命を決めた厳島の戦いでも、瀬戸内海で勢力を張っていた村上水軍を味方に引き入れた隆景の手腕があったからこそ、勝利出来たのである。

これで陶軍の退路を断ったほか、父と呼応した上陸作戦でも、敵本陣を急襲して混乱に陥れ、圧倒的な勝利を収めている。隆景が智だけでなく、武にも長けていたかがよくわかる。

永禄六年（１５６３）、兄隆元が急死し、甥の輝元が家督を継ぐと、兄とともによく補佐し、元春が軍事面を、隆景が政務、外交面を担当、毛利家の結束は以前にも増して強くなった。

しかし、天正二年（１５７４）に入ると織田信長の勢力が目に見えて強くなり、毛利領にまで迫るようになる。

翌々天正四年、鞆《とも》に落ちのびて来た室町十五代将軍足利義昭の強い誘いもあり、毛利は織田氏と断交、元春が山陰、隆景が山陽をそれぞれ担当し、信長包囲陣を築き、信長と本格的に戦うこととなった。

しかし、天正六年に越後の上杉謙信が急死、石山本願寺も信長と講和すると一挙に信長包囲陣は崩壊。さらに、信長の中国方面司令官である羽柴秀吉の攻略は次第に激しくなり、さすがの毛利氏も劣勢となっていった。

天正八年の三木城陥落に続き、天正十年には清水宗治の備中高松城が包囲される。隆景は毛利兵三万を率いて救援に向かう。しかし、武田氏を滅亡させた信長の本軍が、備中に向けて出発の準備しているという噂を耳にした隆景は、勝利は見込み薄と判断し、安国寺恵瓊《えけい》を通じて秀吉との和睦交渉を秘密裏に始めた。その矢先に勃発したのが、明智光秀による本能寺の変だった。

すぐさま城主の清水宗治の切腹を条件に、毛利と和睦した秀吉は、中国大返しにより京都への進軍を開始する。

一日おくれにこの情報を得た毛利軍の吉川元春は、ただちに追撃を主張するが、和睦の誓紙を血痕未だ乾かぬうちに破るは武士の恥という、弟隆景と恵瓊の必死の説得で断念する。

このことが、その後の秀吉の隆景に対する信用を一層高めることとなった。

やがて天下を統一した秀吉は隆景を幕僚としても重く用い、隆景も秀吉を深く敬愛し、四国攻め、九州攻めにも武功を挙げ、やがて徳川家康、前田利家らとともに豊臣政権の大老にまで上りつめる。

さらに実子のなかった隆景は、秀吉の一族秀俊をもらい受け家督を譲った。のちの関ケ原で豊臣を裏切ることになる小早川秀秋である。

安国寺恵瓊（1537〜1600）

［あんこくじ・えけい］
僧籍にありながら大名となった稀有な人物。見識と弁才により毛利家の外交を担当するが、関ケ原で敗北。

戦国時代には珍らしい毛利家に仕えた外交僧である。上杉謙信や武田信玄のように出家して法号を名のる例は多くあるが、僧でありながら武将でもあり、しかも大名にまで上りつめたのは安国寺恵瓊だけではないだろうか。

恵瓊といえば、「信長の代、五年か三年は持つが、そのあと高ころびに、あおむけに転ばれ、藤吉郎はさりとてはの者」と、信長の死と秀吉の出世を予言したことで知られる。結果的にはそれが的中したわけだが、そのせいかどうか、後年、秀吉より領地を与えられ、大名となっている。

天文六年（1537）に毛利元就に滅ぼされた安芸武田氏の一族、武田信重を父として生まれた。武田氏滅亡の際、家臣に守られて脱出、安芸の安国寺に入って出家した。つまり安国寺は寺の名であって、そこの住持を務めたからそう呼ばれた。臨済宗の僧としての名のりは瑶甫《ようほ》恵瓊である。

安国寺とは、遠く奈良時代の聖武天皇の国分寺《こくぶんじ》に倣《なら》って、足利尊氏《たかうじ》が、国ごとに一寺一塔を建てることを計画した際の寺の名で各地にあった。

十一歳の時に上洛して東福寺に入り竺雲恵心《じくうんえしん》の弟子となる。恵心が毛利隆元と親交があったため、恵瓊も早くから毛利家と関係を持ち、天正二年（1574）、安芸安国寺の住持となっている。僧としてはそのほか京都の東福寺、南禅寺など名刹の住持にもなっていて、さらに建仁寺の再興にも力を尽くすなど、いわば名僧と言っていい。

一方、永禄十一年（１５６８）の豊後《ぶんご》の大友氏との合戦には、恵瓊は武将として従軍もしている。しかしやはり恵瓊の本領は外交であって、毛利氏の外交担当として、室町将軍家をはじめ各大名たちの和議の斡旋などでは大活躍した。

天正元年（１５７３）、信長によって京を追放された将軍義昭の帰京を要請する使者として羽柴秀吉らが訪れた際も、毛利氏の使者として恵瓊も参加している。

そして、恵瓊の何よりの功績は、毛利氏が備中高松城で秀吉と対陣していた時、本能寺の変により急遽、京にとって返す秀吉を追撃しないよう毛利方の吉川元春らを利を説いて納得させ、その後、天正十三年、正式に秀吉に臣従させる交渉をなしとげたことだろう。

この功により恵瓊は秀吉から、四国征伐のあと、伊予（愛媛県）で二万三千石を与えられ、さらに翌十四年の九州征伐後には六万石を加増され、僧でありながら大名という異例の出世を成し遂げた。

天下人となった秀吉の晩年、毛利家の小早川隆景が大老のひとりとなると、秀吉と隆景との間を連絡する役を担って活躍するが、「毛利の両川」のもう一方、吉川元春の後を継いだ広家とは対立。やがて秀吉の死後、関ケ原の戦いとなるが、恵瓊は石田三成と通じて西軍に与し、得意の弁説で、毛利家の当主輝元を口説《くど》き、西軍の総大将に担ぎ出すことに成功。しかし輝元は大坂城から動かず、戦《いくさ》はあっけなく東軍の勝利で終わった。

いったんは毛利本陣に逃げこんだ恵瓊は、吉川広家に諭《さと》され逃亡。京都に潜んでいた所を捕縛され、六条河原で斬首された。享年六十四。所詮、舌先三寸で生きた一生だった。

清水宗治
（1537～1582）

［しみず・むねはる］
備中高松城主。信長に叛き、秀吉の水攻めによって城兵の命と引換えに自刃した義の人。

織田信長の中国攻めの際、羽柴秀吉を相手に居城である備中高松城に籠城し、水攻めに会い、城兵の助命と引きかえに自ら命を絶った清水宗治は、秀吉から「武士の鑑《かがみ》」と称賛された「義」の人である。

　天文六年（1537）、備中の国賀陽郡清水村（岡山県総社市）に生まれる。幼名は才太郎。長じて、備中の豪族三村氏の重臣だった石川久智の娘婿となる。

　永禄八年（1565）、三村氏譜代の石川氏を裏切って備中高松城を奪い、毛利氏に直接臣従したといわれるが、正確な資料もなく、通説に過ぎないかも知れない。いずれにしても毛利方に就き、毛利の両川といわれた小早川隆景の配下となった。

　以来、もちまえの忠誠心で、精励刻苦し、隆景はもちろん、毛利氏の首脳陣からも深く信頼されるようになる。

　天正十年（1582）、天下統一を進める織田信長の意を受けて羽柴秀吉が中国攻めを始めると、宗治は高松城に籠城し、徹底抗戦に出る。

　「三木の干殺《ひごろ》し」で別所長治を滅《ほろぼ》し、続いて「鳥取の渇《かつ》え殺し」で毛利一門の吉川経《つね》家を自刃に追い込んだ秀吉に、高松城を包囲されたのが、そもそも清水宗治の不運だったかも知れない。

　やみくもに兵によって攻めに攻めるのではなく、大規模な土木工事を短期間に行って城兵を飢餓に追い込む秀吉得意の戦法は、多くの大名にとって恐怖の的だったからである。

毛利方の支城を次々と落とした秀吉は、織田に寝返った宇喜多直家との連合軍三万を率いて高松城を囲んだ。備中高松城は、平城ながらまわりは泥田や沼で囲まれていて、攻めるには難しい城であった。

まず秀吉は「降伏すれば備中一国をやろう」と宗治に投降を呼びかけるが、義の人、宗治は全く応じなかった。秀吉の軍師黒田官兵衛がわざわざ説得の使者となったが、これも丁重に断られている。

そこで官兵衛が進言したのは水攻めであった。さすがの秀吉もこれには仰天したが、ただちにその策をいれ、堤防工事に取りかかった。全長四キロ近く、高さは七メートルの巨大な堤がわずか十二日間で完成する。そこに川の水を引き入れると巨大な湖が出現した。孤立する城を眺めて毛利軍は手を施す術《すべ》もなかった。

進退極まった小早川隆景は、自領のうち備中、備後《びんご》、美作《みまさか》など五ケ国を割譲する代わりに宗治の助命を嘆願するが、物別れとなった。そして宗治は自分の命ひとつで城兵が助かるなら喜んで死ぬと申し出る。

その時に起きたのが本能寺の変だった。急報を受けた秀吉はただちに毛利と和議を結び、宗治の水上での見事な切腹を見届けると、すぐさま京へと引き帰した。中国大返しである。

一日おくれで信長の死を知った毛利方にとって、すべてはあとの祭であった。

浮世をば　今こそ渡れ
武士《もののふ》の　名を高松の
苔に残して

四十六歳で人生の幕を閉じた清水宗治の辞世である。

宗治の死を惜んだ小早川隆景は、残った宗治の息子に自分の名の一字を与え、景治《かげはる》と名のらせ、太刀を与え、毛利に仕えさせたという。

長宗我部元親

（１５３９〜１５９９）

［ちょうそかべ・もとちか］
ほぼ四国全土征服という時、秀吉の四国征伐に会い、もとの土佐一国の主に戻る。

　土佐一国を制圧したあと、四国全土に勢力を広げ、ほぼ四国統一を果たした所で豊臣秀吉の四国征伐によって、もともとの土佐一国を安堵された悲運の武将である。

　天文八年（１５３９）、土佐の国岡豊《おこう》城（高知県南国市）で、長宗我部国親の長男として誕生した。幼名は弥三郎。通称は土佐侍従。母は美濃斉藤氏の娘。正室は明智光秀の重臣斉藤利三の異父妹。その縁で光秀とは親交が深かったという。幼少の弥三郎の頃は、口数も少なく色白で姫若子《ひめわこ》と呼ばれたほどの弱々しい子だった。永禄三年（１５６０）、二十二歳の時、当時としては遅い初陣だったが、父に従って朝倉城の本山氏を攻めた際、自ら槍を持って突撃するという勇猛さを見せつけ、元親の武名は一挙に高まった。その後、何回となく本山氏との交戦は続いたが、永禄十一年、ついに本山氏が降伏、元親は土佐中部を完全に平定した。

　そして、土佐国司で中村城を中心に影響力を持っていた公家大名の一条兼定からの自立をはかり、天正二年（１５７４）、一条家の内紛に介入し、兼定を追放して、土佐一国を手に入れる。土佐を制圧したあと、元親は織田信長と同盟を結び、阿波（徳島県）、讃岐（香川県）、さらに伊予（愛媛県）へと兵を進めて行く。

　元親の戦力の中心は「一領《いちりょう》具足《ぐそく》」といわれる制度で、兵は平時は農耕をしているが、合戦があるとすぐにかけつけなければならないため、武具一式を田の畔《あぜ》に立てておき、その場から出陣出来るようにしたという。

　天正四年から八年にかけて、元親の快進撃は続き、八年までに阿波、讃岐をほぼ制圧するが、同盟していた信長もさすがにこれをよしとせず、土佐一国と阿波半国の領有を認めるから臣従するよう迫るが、元親はこれを拒否した。

　ついに天正十年、信長は三男神戸信孝を総大将として四国攻撃軍を編成し、六月二日に渡海させる予定だったが、その日、信長は明智光秀の手によって討ち死。信孝軍は解散し、元親は危機を脱する。

　天正十一年の賤ケ岳の戦いでは柴田勝家に与《くみ》し秀吉と対抗、翌年の小牧・長久手の戦いでも家康と結び、秀吉に対して敵意をあからさまにした。一方、四国では相変らず侵攻を続け、天正十三年には、ほぼ四国全土の統一をなしとげた。

　天正十三年、紀州征伐を終えた秀吉は、元親に伊予、讃岐の返納を命じた。元親は伊予のみ割譲することで講和を結ぼうとするが秀吉ははねのけ、弟の羽柴秀長を総大将とする十万の大軍を派遣。次々と支城が落とされて行くのを見て、強気の元親も降伏し、阿波、讃岐、伊予は没収、土佐のみが安堵された。元親は上洛し秀吉に謁見し、臣従を誓う。

　そして天正十四年、秀吉の九州征伐に嫡男の信親を伴って従軍するが、戸次川《べっきがわ》の戦いで、島津軍のため信親は討ち死にしてしまう。その死を知って元親は自害しようとするが家臣から諫められて伊予に落ちのびた。

　後継者として期待した信親を失った元親には、もはやかつての英雄としての覇気はなく、涙にくれる老人となってしまったという。慶長四年（１５９９）伏見屋敷で死去。秀吉の死から九ヶ月後だった。

山中鹿之介（１５４５～１５７８）

［やまなか・しかのすけ］
毛利氏に滅ぼされた山陰の雄尼子氏の遺臣。尼子再興を目指すが、敗死。「山陰の麒麟児」と謳われた。

山陰の雄だった尼子氏が毛利氏に滅ぼされたあと、尼子の再興を願って宿敵毛利と闘い抜いた武将である。

戦前の小学校の教科書にも載っていて、楠《くすの》木《き》正成《まさしげ》などとともに日本史のヒーローだった。尼子氏再興のため「願わくば我に七難八苦を与えたまえ」と三日月に祈ったという逸話は、日本人ならほとんどの人が知っていた。

山中鹿之介の前半生はすべて伝承の域を出ない。天文十四年（１５４５）、出雲の国富田庄（島根県安来市）に生まれたとされる。本名は幸盛《ゆきもり》。鹿之介は通称である。

山中家のルーツも不明な点が多く、宇多源氏の流れを汲む佐々木氏の支流で、尼子氏の一門衆尼子清定の弟である山中幸久が祖といわれる。父の満幸が早世したため、生活は貧しく鹿之介は母の手ひとつで育てられた。大変な美男だったという。次男であったため尼子の重臣亀井氏の養子となるが、のち山中家に戻り兄幸高に代わって家督を継いだ。

永禄九年（１５６６）、毛利軍はみたび尼子氏の居城月山富田城に総攻撃を掛ける。城内の兵糧は底をつき逃亡する城兵も相次いだため、これ以上戦うことは不可能と判断した尼子義久は降伏を申し出る。城を明け渡し、尼子氏は滅亡した。ここから再興を目指して立ち上ったのが山中鹿之介だった。

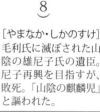

鹿之介は永禄十一年、京都の東福寺で僧となっていた尼子誠久の遺児勝久を還俗させ、各地に落ちて行った尼子の遺臣たちを集めて再興の機会をうかがった。

　翌十二年から二度にわたって出雲に侵攻し、月山富田城奪還を目指す。一時はその軍勢は六千余りに達したという。しかし所詮、多勢に無勢、毛利の大軍にはね返されるだけだった。

　そして、最後に織田信長を頼り、鹿之介は京へ上り信長と面会。信長より「良き男」と褒《ほ》められ、以後、鹿之介は織田軍の下《もと》で尼子の再興を目指すことになる。信長の命を受けた秀吉が播磨へ進軍を開始すると、鹿之介の尼子再興軍もこれに従軍し、毛利方の拠点である上月《こうづき》城を攻略。鹿之介は主君勝久とともに入城、以降ここを拠点として尼子の再興を図って行く。

　上月城は小城だったが交通の要衝《ようしょう》であり、城をまかせられた鹿之介は、城を整備し、国人たちの懐柔、調略を進めて行った。

　天正六年（１５７８）、三木城の別所長治が信長に反旗を翻すと、これを好機と見た毛利氏は三万の大軍をもって播磨進軍を開始、まず尼子勢の籠もる上月城を包囲する。知らせを受けた秀吉は一万の兵を率いて上月城救援に向かうが、信長より三木城攻撃を先にするよう命を受け陣を引き払ってしまった。

　孤立した上月城はまたたくうちに兵糧は尽き、城を離れる者も後を絶たなく、ついに毛利軍に降伏。尼子勝久は切腹、鹿之介は生け捕られ、尼子氏は完全に滅亡した。捕らえられた鹿之介は備中松山城にいた毛利輝元のもとに連行される途中、毛利の家臣によって殺害された。享年三十四。

　蛇足《だそく》ながら、鹿之介の長男とされる山中幸元（鴻池《こうのいけ》新六）は父の死後、武士をやめて酒造業を始めて財をなし、のちに豪商鴻池財閥の祖となった。

毛利輝元

（１５５３〜１６２５）

［もうり・てるもと］
毛利元就の孫で、若くして当主の座に就く。関ケ原では石田三成に担がれて西軍の総大将となるが敗北。

毛利隆元の嫡男であり、毛利元就の孫。父隆元が若くして亡くなったため、わずか十一歳で家督を継ぐ。そして祖父元就の死後、輝元を後見したのが毛利の両川と言われた叔父の吉川元春、小早川隆景である。

天文二十二年（１５５３）、安芸の吉田郡山城で生まれる。母の尾崎局は大内氏の重臣内藤興盛の娘で、大内義隆の養女でもあった。幼名は幸鶴《こうつる》丸。十三歳の時、室町幕府十三代将軍足利義輝より輝の一字をもらい輝元と名のり元服する。祖父の元就は輝元を溺愛し、早く父を亡くした輝元にとっては、父に代わる存在であった。

輝元が誕生した頃、すでに毛利氏は、大内義隆を討った陶晴賢を、天文二十三年、厳島の戦いで討ち果たし、権力基盤は大いに強化されていた。残るは宿敵、尼子氏だけとなった。

永禄八年（１５６５）、輝元は尼子攻めに参加し初陣を飾った。

翌九年、尼子の月山富田城は落ち尼子義久は降伏、毛利氏にとって長年の宿敵だった尼子氏は滅亡した。

しかし永禄十二年、毛利軍が豊後の大友氏との戦いで留守の間を狙って、山中鹿之介率いる尼子の残党が蜂起、出雲に侵攻する。

毛利が滅ぼした大内の残党も加勢し、毛利側も苦戦するが、永禄十三年、毛利は大軍をもってこれらを鎮圧、翌年には尼子勢を山陰から駆逐した。

その後、鹿之介は織田信長を頼り、上月城に籠り、毛利軍と対峙する。しかし織田の救援は間に合わず、上月城は孤立無援の状態となり、ついに落城。完全に尼子氏は消えた。

この勝利によって輝元は、従来の領有地以外に但馬、播磨から豊前の一部まで領土を広げ、元就の時代をはるかに上回る巨大な領土を手に入れることとなった。

そして輝元は信長に追われて自領の鞆まで落ちのびて来た将軍義昭を庇護し、「副将軍」の呼び名まで受け、天下統一を目指す織田信長に敵対する最大の勢力となったのである。

しかし天正十年（１５８２）、備中高松城で秀吉軍と対決している時、本能寺の変が起きる。急遽、和睦を結んで引き返す秀吉軍を、あえて輝元は追撃しなかった。

元就の遺言「天下を望まず領地を守れ」を思い出したからである。

その後は、秀吉の天下統一に協力、領地も百二十万石という大大名となり、秀吉の晩年には、豊臣政権の五大老のひとりとなった。

秀吉の死後、石田三成と徳川家康の対立から天下分け目の関ケ原の戦いが起きる。三成に懇願されて輝元は西軍の総大将となる。

毛利の両川のひとり、吉川広家は猛反対したといわれ、安国寺恵瓊の口車に乗せられたともいわれるが、果たして輝元の真意はどうだったのだろうか。

いずれにしても、敗軍の将となった輝元への処分はきびしく、領地は百二十万石から防長わずか三十六万石に減封されてしまう。

この処置に対する毛利方の家康への怨念が、それから二百六十余年たった明治維新の、長州藩の徳川を倒す原動力となったといわれるが、案外、真実かも知れない。

福島正則

（１５６１〜１６２４）

［ふくしま・まさのり］
加藤清正などとともに秀吉子飼の大名。広島城主。三成と対立して関ケ原では家康に就く。

加藤清正などとともに秀吉子《こ》飼《がい》の大名のひとりである。

武勇には秀でているが、智謀に乏《とぼ》しい猪武者のイメージが強く、乱暴者としての逸話は数多い。感情の起伏が人並みはずれて高く、激すると手がつけられなくなる半面、情に深いところもあって、戦国時代きっての親分肌の武将といっていい。

永禄四年（１５６１）、桶屋の福島正信の長男として尾張の国海東郡（愛知県あま市）で生まれる。幼名は市松。母が豊臣秀吉の叔母、つまり大政所《おおまんどころ》の姉妹だったことから、幼少より小姓として秀吉に仕えた。

初陣は別所長治を滅ぼした三木城の戦いだった。その後も山崎の戦い、賤ケ岳の戦いで武功を挙げる。特に賤ケ岳の戦いでは「賤ケ岳の七本槍」の筆頭にあげられるほどの活躍をした。秀吉から、他の六人は三千石なのに正則は五千石をもらう。

その後、小牧・長久手の戦い、四国征伐、九州平定と秀吉に従って出陣、活躍した功により、伊予今治十一万三千石をもらい大名となった。

朝鮮に出兵した文禄の役でも、五番隊の主将として長宗我部元親、蜂須賀家政らを率いて京畿道の攻略に武功を挙げ、続いて李舜臣相手の海戦でも自ら軍船に乗って指揮を執って敵を撃退。それらの功で尾張清洲二十四万石の所領を与えられた。

秀吉が死ぬと、朝鮮出兵をめぐって険悪の仲となった石田三成と対立した。

　慶長五年（１６００）、兵六千を率いて家康の会津征伐に従軍。その途中、三成挙兵の報を受けて開かれた小山評定で、動揺する豊臣恩顧の大名たちの機先を制して、いち早く家康の味方に就くことを宣言、反転して家康が西上するきっかけを作った。これも家康の意を受けた黒田長政の入れ知恵だったという。さらに正則は、自分の城である清洲城を開放し、蓄えてあった食糧も惜しみなく全軍に分配した。

　関ケ原の戦いでは、宇喜多秀家軍一万七千と撃突、苦戦しながらもなんとかその進撃を阻止することに成功、東軍の士気を大いに上げたという。

　戦後、正則はその功により家康から毛利氏の領土だった安芸・備後の二ケ国五十万石の大封を与えられて、広島城主となった。

　その後、加藤清正や浅野長政・幸長父子、さらに池田輝政といった豊臣家恩顧の大名たちが相次いで死去すると、さすがの正則も弱気となり慶長十七年（１６１２）、病を理由に幕府に隠居願いを出すが、許可されなかった。

　そして豊臣氏が滅亡する大坂冬の陣、夏の陣にも正則は参陣を認められず、江戸留守居を命じられた。大坂城の豊臣秀頼から誘いを受けたという疑惑からだった。勧誘は事実であったし、それを拒絶した弱味もあり、正則は、自分の大坂蔵屋敷にあった蔵米八万石が大坂方に接収された際も、黙認したという。

　豊臣家を夏の陣で滅亡させ、基盤も盤石《ばんじゃく》となった徳川家の次の狙いは豊臣恩顧の大名、福島家と加藤家だった。元和五年（１６１９）、正則は広島城の無断修理という言いがかりをつけられ、安芸・備後五十万は没収、減転封となった。その六年後、正則は六十四年の生涯を失意のうちに終えた。

宇喜多秀家

（１５７２～１６５５）

［うきた・ひでいえ］
秀吉に愛されて、秀吉晩年には５大老のひとりとなる。関ケ原では西軍の副将となるが、敗れて八丈島に流罪。

豊臣秀吉に可愛がられ、秀吉が実の娘のように愛していた養女の豪姫（父は前田利家）を妻とし、豊臣政権の五大老のひとりにもなった幸運児。

しかし父の宇喜多直家は権謀術数を尽くして成り上がり、岡山五十七万石の大守となった梟雄《きょうゆう》である。秀家はそんな直家の次男として元亀三年（１５７２）に誕生、生まれながらのお坊ちゃん殿様であった。通称は八郎、備前宰相とも言う。

天正九年（１５８１）、父直家が病死。翌年、秀家が家督を相続、当時臣従していた織田信長から本領を安堵された。元服して秀吉から秀の一字をもらい秀家と名のる。秀家は美少年だったらしく、秀吉の寵愛を受けてその猶子《ゆうし》となり、豪姫を正室とする。

小牧・長久手の戦い、紀州征伐、四国攻め、九州征伐、さらに小田原征伐にも参陣し、豊臣政権をよく支えた。朝鮮侵攻の文禄の役にも一方の大将として出陣、続く慶長の役でも軍監として渡海、活躍した。

日本に帰国した慶長三年（１５９８）、秀吉から五大老のひとりに任命されるが、同年、親と慕《した》った秀吉が死去。

翌慶長四年、重臣の戸川達安らが側近の処分を巡って秀家と対立、戸川らが大坂の宇喜多屋敷を占拠するという宇喜多騒動が勃発。大谷吉継や家康家臣の榊原康政まで巻き込んだお家騒動となる。

しかし秀家、戸川の対立は解消されず、ついに家康の裁断を仰ぎ、内紛は回避された。戸川は他家預り・蟄居となり重臣の花房正成も出奔してしまう。これをきっかけに直家以来の優秀な人材が、秀家を見限って宇喜多家を去って行った。

戸川、花房の二人は関ケ原の戦いでは家康の側に就き、戦後、戸川などは備中庭瀬二万九千石の大名となっている。

秀吉の後を追うように秀家の義父前田利家も死去すると、豊臣家内で加藤清正、福島正則ら武断派と石田三成、小西行長らの文治派の対立が激化、これをうまく利用した徳川家康が、豊臣政権を壟断《ろうだん》するようになり、やがて関ケ原の戦いへと、時代は流れて行った。

慶長五年（１６００）、家康が上杉景勝の会津征伐の兵を起こすと、好機とばかり石田三成は、毛利輝元を総大将に仰ぎ、打倒家康を目指して挙兵する。

秀家は西軍の副将として三成、大谷吉継らと家康断罪の檄文を発し、西軍の主力部隊となった。

西軍の中では最大の一万七千の部隊を率いて、関ケ原では東軍の福島正則隊と激突、勇猛で鳴る福島隊と互角に戦うが、小早川秀秋の裏切りで西軍は総崩れとなって宇喜多隊は壊滅する。

敗れた秀家は伊吹山中に逃げこみ、京都の太秦《うずまさ》に潜伏したあと薩摩にのがれ、島津氏を頼った。慶長八年、その噂が広がったため島津氏によって秀家は家康に引き渡された。

島津家や縁戚の前田家の懇《こん》願《がん》もあって、秀家は死罪を免れ、遠く八丈島へ配流となった。八丈島では浮田久福と名を改め、妻の実家である前田家から援助を受けながら、なんと五十年の流人生活を続けた。

明暦元年（１６５５）、八十四歳で死去。時はすでに江戸幕府四代将軍徳川家綱の治世となっていた。

長宗我部盛親
（1575～1615）

［ちょうそかべ・もりちか］
元親の四男ながら当主を継ぐ。関ケ原では西軍に加担したため改易。大阪夏の陣で敗れて斬首。

四国全土を平定した長宗我部元親の四男として天正三年（1575）に生まれる。幼名は千熊丸。通称は右衛門太郎。

長宗我部氏は、中国古代の秦《しん》の始皇帝の流れを汲む秦河勝《はたのかわかつ》の末裔と称している。鎌倉時代の初期、土佐（高知県）長岡郡宗郷《そがべ》に移り住み、地名から長宗我部を名のったという。十九代の兼序《かねつぐ》が近隣の国人たちに攻められ自害、その子の国親が十年後に城をとりかえし、長宗我部の復活を果たす。その国親の子が元親である。

天正十四年（1586）、九州の戸次川の戦いで長兄の長宗我部信親が戦死すると、落胆する元親をよそに長宗我部家中で後継争いが起きる。すでに他家を継いでいた兄の香川親和や津野親忠を押す一派と盛親が争うが、父の後押しで盛親が指名された。

もともと傲慢で気の短い盛親は人望がなかったが、父の元親は自分が可愛がっていた長男信親の娘を後継者に娶わせたいと思っていたため、それには年の若い末弟の盛親しかいないと判断したためという。そして盛親は兄の娘を妻とするが、それは極めつきの近親婚だった。

盛親は元服する際、秀吉の家臣で後に五奉行となる増田長盛を烏帽子親《えぼしおや》とし、長盛の一字、盛をもらって盛親となるが、自分より上の者から一字を贈られるのが常識なのに格下の者を烏帽子親にしか出来なかったわけで、豊臣政権の中でも長宗我部氏は低く見られていたのかも知れない。また、家督相続の異常な経緯から、秀吉は盛親を正当な長宗我部の当主として認めていなかったとの見方もあるがこの方が妥当であろう。

慶長四年（１５９９）父元親が死去。そしてその翌年、関ケ原の戦いが起こると、盛親は西軍に加担する。理由は親しかった増田長盛に説得されたからといわれるが、盛親の真意は東軍だったに違いない。

大坂に入った長宗我部軍は、東軍の伏見城や安濃津城などを落としながら関ケ原に向かい、吉川広家、安国寺恵瓊、長束正家らとともに家康本陣のうしろの南宮山に布陣した。しかし合戦が始まると家康に内応する吉川率いる毛利隊は動かず、その後方の長宗我部隊も動くことが出来ず、結局戦場にありながら長宗我部隊は戦闘に参加しないまま土佐に引きあげた。

帰国すると盛親は、さっそく懇意にしていた徳川の重臣井伊直政を通じて家康に謝罪しようとするが、逆に家臣のざん言《げん》から兄の津野親忠を殺害したことや、不満を抱く家臣たちの一揆をとがめられ、領土没収、改易を申し渡されてしまう。この時をもってかつての四国の雄長宗我部氏は滅亡した。

浪人となった盛親は大坂から伏見に出て大名への復帰運動を続けるが、誰も相手にしてくれず慶長十五年には剃髪して大岩祐夢と称し、寺小屋の師匠として暮らしたという。

そして慶長十九年、大坂冬の陣が始まるとわずか六人の従者を連れて大坂城に入城。これを聞いた長宗我部の旧臣も続々入城し、集結した浪人衆の中では最大の千人までふくらんだという。やはり落ちぶれても元大名であった。冬の陣は和睦となったが、翌年の夏の陣で豊臣家は滅亡。敗れた盛親は京都で葦の中に隠れ潜んでいた所を捕らえられ、六条河原で斬首された。

九州編

立花道雪（１５１３～１５８５）

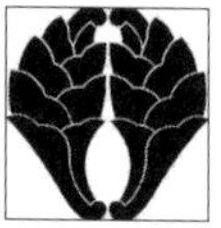

［たちばな・どうせつ］
九州豊後の大友氏を支えた猛将。37回戦ったが一度も負けなかったといわれる。

九州に覇を唱《とな》えた豊後（大分県）の大名大友宗麟の片腕で、北九州各地を転戦して三十七回の大戦《おおいくさ》をやったが一度も敗けたことのなかった猛将である。本姓は戸次《べっき》氏で、本人は戸次鑑《あき》連《つら》または戸次道雪で通しているが、立花道雪の名で知られる。

永正十年（１５１３）、大友氏の一族、豊後の国大野郡の鎧岳城主戸次親家の次男として生まれる。幼名は八幡《はちまん》丸。長兄は早世したため嫡男として育てられた。

元服前の十四歳の時、自ら志願して病弱な父に代わって二千の兵を率いて初陣。数にまさる大内軍に勝利して凱旋、家中の評判となった。父の死によって元服、戸次の家督を継いで、大友義鑑に仕え、鑑の一字をもらって鑑連と名のる。

天文十九年（１５５０）、大友義鑑が嫡男の義鎮《よししげ》を廃嫡し、次男の塩市丸を後継者にしようとすると家中が分裂、反発した義鎮派によって義鑑は襲われ、それがもとで死去。この事件でも道雪は義鎮を支持、その家督相続に尽力した。

当時の九州も中央と同じように群雄割拠し、薩摩の島津氏とともに九州最大の勢力であった大友氏も、秋月氏、龍造寺氏、原田氏、鍋島氏、さらに筑前、豊前への侵攻を企《たくら》む毛利氏などとの戦いに明け暮れていた。

永禄五年（１５６２）、主《あるじ》の義鎮が出家して宗麟を名のると、道雪も剃髪して麟伯軒道雪と名のるようになった。それ以降、戦《いくさ》をやれば連戦連勝の道雪の名は九州一円はおろか、本土中央まで轟き渡り、「鬼道雪」と恐れられた。道雪の武勇を伝え聞いた武田信玄も、ぜひ対面したいと語ったといわれる。

永禄十一年、道雪は毛利方に寝返って反旗を翻した立花鑑《あき》載《とし》の立花山城を攻略、三ケ月にわたる激戦の末、奪還、鑑載を自害に追い込んだ。その功により道雪は宗麟から立花山城を任せられ、立花道雪と名のる。

元亀元年（1570）の龍造寺討伐の際、初めて道雪は輿《こし》に乗って戦っている。これは若い頃のある日、落雷に見舞われた道雪は、とっさに〝千鳥〟と名づけた愛刀で雷神らしきものを斬りつけた。そのために足が不具になったという。道雪はその後、〝千鳥〟を〝雷切《らいぎ》り〟と名づけ生涯身辺に置いた。

天正三年（1575）、道雪はただひとりの愛娘《まなむすめ》の誾千代《ぎんちよ》に家督を譲り、立花山城主とし、同九年に盟友の高橋紹運《じょううん》の子統虎《むねとら》を婿養子に迎え、家督を譲っている。統虎はのちの名将立花宗茂である。

天正六年、大友宗麟は北上してくる島津氏討伐を考え始め、道雪の反対に合いながらも、日向（宮崎県）侵攻を強行する。そして、道雪は従軍していなかったが、耳川の戦いで大敗する。以後、大友氏の勢力は急速に衰え、島津氏に対して守勢に回ることとなるが、道雪は高橋紹運とともに家臣の離反が相次ぐ大友氏に忠誠を尽くし、島津氏と戦い続けた。

九州全土の勢力が押し寄せるほどの激戦も道雪は紹運とともに見事な戦術で互角に戦うが、天正十三年、陣中で病を得て紹運の必死の看病を受けながらも死去。七十三歳であった。

道雪の法号の由来を、「道に落ちた雪は消えるまでその場所にいる。武士は一度主君を得たなら死ぬまで尽くすのが本懐である」と説いたという。

龍造寺隆信（１５２９～１５８４）

［りゅうぞうじ・たかのぶ］短期間で大友氏を破り、島津氏と並ぶ勢力を築き上げ、「肥前の熊」と恐れられた。

　享禄二年（１５２９）、龍造寺家兼の孫の龍造寺周家《ちかいえ》の長男として、肥前の国佐嘉郡（佐賀市）水ケ江城で生まれる。僧籍にあったときは円月と称し、還俗後は最初、胤信《たねのぶ》、続いて大内義隆から偏諱《へんき》を受けて隆胤《たかたね》、さらに隆信と改める。幼名は長法師丸。異名は「肥前の熊」。冷酷で非情、狡猾な人物といわれたからこの名がついた。

　しかし、このようなしたたかな人物だから弱肉強食の戦国時代、少弐氏を下剋上で倒し、大友氏を破り、島津氏と並ぶ勢力を築きあげ、九州三強のひとりといわれるほどになったのだろう。

　隆信が生まれた時は、九州でも各氏の戦闘が続き、主筋の少弐氏は中国の大名大内氏に圧迫され通しだった。天文五年（１５３６）、隆信は七歳の時、一族の功徳《くどく》のためという理由で大叔父豪覚の宝琳寺に預けられ、七歳で出家し円月と名のる。円月は十二、三歳の頃には二十歳くらいの学門・知識があり、神童と呼ばれた。腕力も抜群で、領民が六、七人でかかってもかなわなかっただけでなく、恐ろしくなって逃げ帰ったという。

　このまま僧でいたら、どれほどの高僧になるのかと期待されたが、十七歳の時、思いがけない事態となる。

　天文十四年、祖父龍造寺家《いえ》純《ずみ》と父周家が、少弐氏に対する謀反の疑いをかけられ、龍造寺の台頭を妬《ねた》んだ少弐の重臣馬場頼周《よりちか》によって殺害された。

円月は曽祖父の家兼に連れられて筑後の蒲池《かまち》鑑盛《あきもり》を頼って脱出。翌年、家兼は蒲池氏の助けを借りて挙兵、馬場を討って龍造寺家を再興するが、それも束《つか》の間、病を得て死亡する。円月の器量を見抜いた家兼は、還俗して水ケ江龍造寺家を継ぐようにという遺言を残した。

その二年後、本家の龍造寺胤《たね》栄《ひさ》も病死したため、隆信はその未亡人を娶り、本家も相続する。しかし本家相続は一族の総意ではなかったため、隆信は西国の雄、大内義隆と手を結ぶ。大内氏の力を背景に家臣たちの不満を抑えこんだのである。

その大内氏も天文二十年、陶晴賢の謀反で滅亡すると、うしろ盾を失った隆信は肥前を追われ、再び筑後柳川の蒲池氏に身を寄せる。そして二十二年、蒲池氏の援助を受けて挙兵、肥前の奪還を果たした。

そのあと龍造寺隆信の鬼神の如き活躍が始まる。まず旧主の少弐冬尚を自害に追い込むと、肥前の国人を次々と降し、永禄五年（１５６２）には東肥前の支配権を確立。

翌六年に龍造寺の急速な勢力拡大に震撼する近隣の有馬・大村連合軍も一蹴、永禄十二年、大軍を率いて肥前に侵攻して来た大友軍も激破、ついに肥前統一を果たした。

天正六年（１５７８）、弱体化した大友領に侵入、次々と国人衆を服従させ、同九年には肥後（熊本県）に侵入、龍造寺の領土は筑前、筑後、肥後、豊前に及んだ。隆信はまさに恐ろしい肥前の熊となったのだ。

しかし、隆信の最期はあっけなかった。天正十二年、有馬・島津連合軍との戦いで敗北。龍造寺軍は二万五千、島津は一万弱という圧倒的な兵力の差だったが、大軍の進行が不可能な隘《あい》路《ろ》に誘い込まれた龍造寺軍は挟撃され全滅、隆信も島津の家臣川上忠堅に討ち取られた。享年五十六。

大友宗麟（１５３０～１５８７）

［おおとも・そうりん］
キリシタン大名としても知られる大友氏の当主。豊後を本拠に最盛期には九州６ヶ国を支配。

九州の名門大友家の二十一代当主。キリシタン大名でもある。享禄三年（１５３０）、大友義鑑の嫡男として豊後の国府内（大分市）に生まれる。幼名は塩法師丸。

天文九年（１５４０）、元服して室町幕府十二代将軍足利義晴から一字拝領して義鎮《よししげ》。世に知られる宗麟は法号である。大友氏は鎌倉時代から豊後・筑後守護として権勢を振るい、少弐氏、島津氏とともに九州の名門である。

中国明朝への遣明船の派遣や、琉球、カンボジア、ポルトガルなどを相手とした異国貿易による莫大な経済力、立花道雪、高橋紹運などの優れた重臣たちの力で版図を広げ、最盛期には九州六ケ国を支配した。最終的には薩摩の島津氏に敗れ、豊臣秀吉に援軍を頼み、秀吉の九州征伐により救われ、豊臣傘下の一大名となった。

天文十九年（１５５０）、父義鑑は義鎮の異母弟塩市丸に家督を譲ろうと画策するが、逆にそれを察知した義鎮派が立ち上がり、塩市丸を殺害、義鑑も負傷がもとで死亡。義鎮は義鑑の遺言により大友の家督を相続した。

翌二十年、大内義隆が滅亡すると、北九州における大内氏従属の国人たちが大友氏に服従し、さらに天文二十三年、菊池氏を滅亡させ、肥後も大友の手に落ちた。

さらに弘治三年（１５５７）、

毛利元就が北九州に進出すると義鎮は毛利との対決を決意。毛利と内通した筑前の秋月文種を滅ぼすと、北九州の旧大内領はすべて大友のものとなった。

足利将軍にも鉄砲や火薬を献上するなどして関係を強化、永禄二年（１５５９）には豊前・筑前の守護にも任命され、九州探題の職も賜る。このように義鎮は名実ともに九州における最大の版図を築き上げ、大友氏の全盛期を現出させる。そして永禄五年、出家して休庵宗麟と号した。

しかし時は流れて天正五年（１５７７）、薩摩の島津義久が日《ひゅう》向《が》に侵攻を開始、翌六年の耳川の戦いで、宗麟は大敗し、多くの重臣を失う。家督を譲った義統とも確執が深まり、以後の大友氏は衰退の一途をたどることになる。

耳川の戦いのあと、大友領内で国人たちの反乱が相次ぎ、島津義久や龍造寺隆信らの侵攻も続き、大友氏の領土は次々と侵食されて行った。さらに重臣の立花道雪が病死すると、これを好機と見た島津氏の北上が活発となり、もはや大友氏単独では対抗出来なくなってしまった。

ついに天正十四年、宗麟は天下統一を進める豊臣秀吉と大坂城で謁見、軍事的支援を懇願する。しかし島津軍は侵攻を続け、戸次川の戦いで豊臣の先発隊を壊滅させると、大友氏の本拠地、豊後府内に迫った。もはや大友氏の滅亡は時間の問題となった。その時、豊臣秀長率いる十万の大軍が九州に到着する。

先着していた毛利軍、宇喜多軍と合流した豊臣軍の圧倒的な勢力の前には、島津軍はもはや敵ではなかった。重臣たちも戦死するという大損害を出して、島津軍は敗走した。

この戦局が一気に逆転していく中で、宗麟は病気で倒れ、島津義久の降伏直前に、その命の火は消えた。五十八歳だった。秀吉の九州平定後、義統は豊後一国を安堵された。

島津義弘

（1535～1619）

［しまづ・よしひろ］
九州の名門薩摩島津家の17代。関ケ原で西軍に就くが敗れる。「敵中突破」で帰国した挿話は有名。

薩摩の十七代当主島津義弘といえば、すぐに思い浮かぶのが関ケ原の戦いで見せた敵中突破の退却だろう。

義弘の属した西軍は、小早川秀秋の裏切りによって総崩れとなり、石田三成隊、宇喜多秀家隊などすべてが退却し、気がついてみれば残っていたのはわずか三百人の島津勢だけとなっていた。

そこで義弘が見せたのは、全軍一丸となっての敵中突破だった。まず先陣を甥の豊久、右陣は山田有栄、本陣を義弘と決め、突撃を開始、旗指物《はたざしもの》などすべて捨てての決死の行動だった。

あっけにとられた福島正則隊を突破し、家康の本陣に迫ったところで転進、伊勢街道をひたすら南下した。あわてて本多忠勝、井伊直政らが追撃するが間に合わなかった。

この時、島津軍は「捨て奸《がまり》」といわれる戦法をとった。何人かずつが留まって死ぬまで敵の足止めをし、それが全滅するとまた新しい足止め隊を残すという、壮絶な戦法である。

このため、豊久らが義弘の身がわりになって戦死、多くの将兵も戦死して、大坂にたどりついた時は三百人のうちわずか八十名だった。その一方で、家康の陣と長束正家の陣に使者を出し、退却の挨拶までさせていたという。

鹿児島に帰った義弘は、蟄居して恭順の意を示したが、兄の義久は家康との決戦を予想して戦いの準備も進めた。

　その一方で家康の側近井伊直政を通して、ひたすら謝罪に努めた。敵ながら見事な退き際に感動した直政も、極力、島津のために動いてくれた。

　家康もやむなく、関ケ原の行動はすべて義弘個人のやったこと、島津氏には責任なしという判断を下し、本領は安堵、義弘の罪は問わずの結論を出した。なんと関ケ原から二年もの歳月が経っていた。

　そして〝島津恐るべし〟の印象が家康の脳裏深く刻み込まれたのである。

　島津義弘は、天文四年（１５３５）、薩摩の国（鹿児島県）の大名島津貴久の次男として生まれる。はじめ忠平と称していたが、後に室町幕府十五代足利義昭から一字いただいて義珍《よしたか》、続いて義弘と改めた。

　兄義久が家督を継ぐと、義弘は兄を補佐し、元亀三年（１５７２）の木崎原の戦いで、伊東義祐が三千の大軍で攻めてきたのに対し三百の兵で奇襲、見事に打ち破る勇猛ぶりを発揮、以降、島津氏の勢力拡大のため活躍する。

　天正十五年（１５８７）、島津の宿敵大友氏の要請によって九州に侵攻してきた豊臣秀吉の大軍を前に、義弘は抜刀して切り込むという奮戦をするが結局、衆寡敵せず、大敗北。折角手に入れたほぼ九州全土から薩摩、大隅《おおすみ》、日向以外はすべて取り上げられ、豊臣政権の一大名となる。

　秀吉の朝鮮征伐でも積極的に協力し、渡海した各大名のうちでも薩摩の猛勇ぶりは群を抜き、朝鮮や明《みん》軍から義弘は、「鬼石曼子（グイシーマンズ）」と恐れられたという。日本でも義弘のあだ名は「鬼島津」だった。

　秀吉の死後、天下分け目の関ケ原での義弘の退却劇は前述した通りである。

　元和五年（１６１９）、隠居先の加治木で眠るように死去。八十五歳の長寿だった。

鍋島直茂

（1538〜1618）

[なべしま・なおしげ]
家老として仕えた龍造寺家から禅譲の型で領土を引き継いだ肥前佐賀藩の藩祖。

龍造寺家の家老から主君隆信の死後、領土をひきつぎ、肥前を版図とする佐賀藩初代藩主。

天文七年（1538）、肥前佐嘉郡の国人鍋島清房の次男として生まれた。母は龍造寺家純の娘華渓。龍造寺の当主の家兼の死後、隆信が龍造寺家を継ぐと、隆信の生母である慶誾尼が直茂の父清房に再嫁したため、直茂と隆信は義兄弟となった。直茂は隆信より九歳下だった。龍造寺氏にとって、鍋島清房が、そして直茂が、いかに頼り甲斐のある人物であったかがよくわかる。

直茂もまたその要望に応えて隆信の片腕として十分の働きをした。龍造寺家が短期間に北九州のほとんどを平定出来たのも直茂あってのことといってもいい。

天正三年（1575）、少弐氏を滅亡に追い込み、同六年には有馬氏、木村氏を屈服させたのもすべて直茂の功績だった。隆信が隠居して政家が後を継ぐと、直茂は政家の後見人を任される。そして天正九年、筑後柳川城主の蒲池氏を謀殺すると、直茂は柳川城に入って筑後を治めることとなった。奢り高ぶってきた隆信をたびたび諌言する直茂は遠ざけられたのだ。

天正十二年、北上して来た島津氏との沖田畷《なわて》の戦いで、龍造寺軍は敗れ、隆信は戦死する。ともに戦って龍造寺の勢力を広げて来た隆信の死に、直茂は落胆のあまり自害しようとするが、家臣たちに止められて肥前に退いた。

　島津の北上に脅威を抱いた直茂は、早くから中央で勢力を拡大している豊臣秀吉と誼《よしみ》を通じていた。九州征伐を促していたのである。

　さらに大友氏からの救援要請もあり、ついに秀吉は弟の秀長率いる十万の大軍をもって九州へ侵攻して来る。龍造寺勢は先陣を担って活躍し、島津氏を屈服させた。これら島津征伐での直茂の活躍を秀吉は高く評価し、政家に代わって国政を担うよう命じた。龍造寺家の筆頭家老だった直茂は、一滴の血を流すこともなく主家にとって変ったのである。

　直茂以外の十名の龍造寺家の重臣たちからも、直茂に危害を加えることがあったら自分たちは龍造寺家から退散するという誓紙が政家に届いたというから、直茂の人気、能力は群を抜いていたのだろう。朝鮮出兵にも直茂は龍造寺軍団を率いて日本軍二番隊として参陣、前後七年間も部下と寝食をともにしたため、家臣と直茂との絆は一層固くなった。

　慶長五年の関ケ原の戦いでは、嫡男の勝茂が西軍に参加するが、直茂は東軍が勝利と読んで、戦闘開始前に戦線から離脱させ、自らは九州にあって西軍諸将の久留米城、柳川城を攻め降伏開城させている。その働きで佐賀三十五万七千石は安堵された。

　政家の隠居で後を継いだ龍造寺高房は幕府に対して佐賀藩における龍造寺氏の実権回復をはたらきかけるが、幕府の方針は龍造寺氏から鍋島直茂・勝茂への禅譲に変わらなかった。ただ直茂は龍造寺氏への遠慮もあって藩主に就くことはせず、勝茂を初代藩主とし、自らは藩祖と呼ばせた。

　元和四年（１６１８）、直茂は八十一歳で病没するが、耳の腫瘍に苦しんだといわれ、高房の怨念のしわざと噂された。

黒田官兵衛（１５４６～１６０４）

［くろだ・かんべえ］
軍師として秀吉の天下取りに貢献。その知略は日本一と謳われた。豊前中津城主。

平成二十六年（２０１４）のＮＨＫ大河ドラマ『軍師官兵衛』の主人公（岡田准一主演）なので、まだ記憶に新しい方も、多いと思う。

豊臣秀吉の軍師として、秀吉の天下取りを助け、竹中半兵衛とともに「両兵衛」と並び称された。天文十五年（１５４６）、近江の国伊香郡黒田村（滋賀県長浜市木之本町）がルーツとされるが定かではない。黒田職隆の嫡男として播磨（兵庫県）の姫路城で生まれた。幼名は万吉。名は孝高《よしたか》、官兵衛は通称である。剃髪して如水と号した。

祖父の重隆の代に備前（岡山県）から播磨に入り、守護赤松氏の重臣で御着城主小寺則職・政職父子に仕えた。小寺氏は黒田氏を厚遇し、天文十四年には重隆を家老とし姫路城代に任じて小寺の姓も与えたほどだ。官兵衛も永禄四年（１５６１）に小寺政職の近習となる。永禄十年に父から家督を継ぎ、小寺政職の姪を妻に迎え、姫路城代に就いた。

当時、播磨は小豪族たちが群雄割拠し、戦いと同盟を繰り返していたが、やがてほとんどが毛利方に組み入れられるようになっていった。

しかし官兵衛だけは、長篠の戦いで武田勝頼を破った織田信長を高く評価し、主君小寺政職に織田への臣従を進言し、自らも天正三年（１５７５）、羽柴秀吉の取次によって岐阜城で初めて信長に謁見した。のち長男の松寿丸（のちの黒田長政）を臣従のための人質として信長のもとへ送る。

信長は信貴山《しぎさん》城の松永久秀を討伐すると秀吉に播磨進駐を命じる。官兵衛は姫路城本丸を秀吉に提供し、自らは二の丸に住み、以後、秀吉の参謀として活躍するようになった。

天正六年、官兵衛は宇喜多直家の調略に成功するが、別所長治に続いて有岡城の荒木村重が謀反。官兵衛は旧知の村重を翻意させるために乗り込むが、逆に土牢に幽閉されてしまう。

官兵衛が村重側に就いたと怒った信長は、秀吉に預っている嫡子松寿丸の殺害を命ずるが、官兵衛を信頼していた竹中半兵衛は、殺したと信長に報告して、秘かに松寿丸を匿った。半兵衛は官兵衛が救出される前に陣没してしまったが、官兵衛はこの恩を終生忘れず、遺族の面倒を見たという。

天正八年、二年間かけた別所長治の三木城が落ちると、加担した官兵衛の主君小寺氏も滅亡。これ以降、官兵衛は黒田の姓に戻る。

そして天正十年、清水宗治の備中高松城を攻めている時に本能寺の変で信長が急死。動転する秀吉に、官兵衛は「いまこそ天下を狙え」と献策、秀吉は毛利氏と和睦、中国大返しによって京都に戻る。

九州平定も終わった天正十五年、官兵衛は豊前六郡十二万石を拝領し、中津城の築城を始める。二年後に家督を嫡男長政に譲り、第一線を退く。

秀吉の没後、関ケ原の戦いでは長政が家康側で活躍し、その功で福岡五十二万石の大封を獲得。官兵衛は中津城にあって蓄えてあった金銭をすべて百姓たちに与え、九千人の速成軍を作り、九州の西軍の将たちの居城をまたたくうちに落とし、相変らずの智謀を世間に印象づけた。「関ケ原が一ケ月続いてくれたら自分が天下を取れた」と語ったという。

高橋紹運

（１５４８～１５８６）

［たかはし・じょううん］
九州最大の激戦といわれた岩屋城の戦いで壮烈な死を遂げた名将。豊後大友氏の重臣。

北九州における戦国武将たちの激戦の中で、最も苛烈を極めた岩屋城の戦いで、華々しく生涯を閉じた高橋紹運。九州の将の中でこれほど尊敬され、人気の武将も稀であろう。いまなお命日の七月二十七日には墓前に花が絶えないという。

　天文十七年（１５４８）、大友義鑑の重臣吉弘鑑理の次男として豊後の国（大分県）筧《かけい》城で生まれる。義鑑の子義鎮（宗麟）と父鑑理から一字ずつもらって鎮理《しげまさ》と名のる。永禄十年（１５６７）、同じ大友氏の家臣の高橋鑑種が謀反を起こした時、紹運は父とともに出陣しこれを撃滅。高橋氏の居城であった岩屋城と宝満城を継ぎ、名を高橋鎮《しげ》種《たね》と改めた。立花道雪に兄事し、道雪とともに衰退の気運にあった大友氏をよく守り、道雪亡きあとは、大友氏の命運は紹運の双肩にかかったといっていい。九州一の名将と謳われた柳川の立花宗茂の実父でもある。

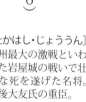

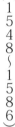

　天正六年（１５７８）の耳川の戦いで、大友氏が島津軍に破れると、好機とばかりに肥前の龍造寺、筑後の筑紫広門、筑前の秋月種実らが一斉に大友領に侵入を開始する。天正十三年には鍋島直茂率いる龍造寺軍はじめ、肥前、筑前、筑後、豊前の連合軍三万と対峙した一万人に満たない大友軍は、劣勢ながら、局地戦には勝利するが、決定的な打撃は与えられなかった。

　同年、父とも兄とも慕った道雪が病没。紹運は大友氏をひとりで支えることとなる。翌十四年、島津五万の大軍が、北上し岩屋城に迫って来る。迎え撃つ大友軍はわずか七百。紹運は岩屋城に籠城。島津軍は多くの犠牲者が出ることを危惧し、それにも増して城将高橋紹運の命が尽きることを惜しんで、島津からの降伏勧告の使者は三回にも及んだ。

これに対し紹運は「武家に生まれた者として、受けた恩を忘れることは、鳥獣にも劣る」と、いずれも礼を尽くして送り返したという。

最期を悟った紹運は、城の壁に、

屍《しかばね》を岩屋の苔に埋《うず》めてぞ
雲井の空に名をとどむべき

と辞世を刻むと、櫓《ろ》に昇り、敵も味方も見守る中で腹かき切って壮絶な最期を遂げたという。生き残った城内の兵もひとり残らず紹運のあとを追って討ち死にした。遠まきに見守る島津勢は声もなかったほどの見事な玉砕だった。

島津側の戦死者は三千人を数え、あまりの犠牲の多さに、次に予定していた立花山城の攻撃は延期になった。

そこに九州征伐の豊臣秀長率いる大軍が雲霞《うんか》の如く押し寄せてくる。もはや島津の対決出来る相手ではなかった。そして島津氏の九州制覇の野望はうち砕かれたのである。

岩屋城の落城後、紹運以下の首実験が行われた。攻め手の総大将島津忠長は紹運の首を前に「我々は類《たぐい》稀な名将を殺してしまった。友になれたら最良の友となれたであろう」と正座して涙を流し、合掌したと伝えられる。

天正十五年、九州征伐を終わり、薩摩に入った秀吉は、帰途、太宰府に紹運の嫡男立花宗茂を呼び、「紹運ほどの忠勇の士が九州にいたとは思わなかった。紹運こそ乱世に咲いた華《はな》である」とその死を惜しんだ。高橋紹運、わずか三十九年の短い生涯だった。

小西行長（1558~1600）

［こにし・ゆきなが］
加藤清正と対立し、関ケ原で西軍の将として参加。破れて斬首されたキリシタン大名。

秀吉の朝鮮出兵には、加藤清正とともに活躍するが、関ケ原で、西軍の将として参陣、破れて斬首されたキリシタン大名。

永禄元年（1558）、和泉《いずみ》の国（大阪府）堺の商人小西隆佐《りゅうさ》の次男として京都で生まれた。商売のため訪れていた宇喜多直家に見出されて宇喜多家に仕えるが、直家の使者として初めて豊臣秀吉のもとを訪れた時、秀吉にその才知を気に入られてこんどは秀吉に仕える。

秀吉政権では舟奉行を命じられ、水軍を率いて紀州征伐や太田城攻略などで活躍、秀吉の信頼を受けて、天正十三年（1585）、小豆島で一万石を与えられる。その前年には高山右近の勧誘を受けてキリシタンとなっている。

小豆島ではキリスト教の布教を積極的に行い、また十五年のバテレン追放令で改易となった高山右近を匿ったりした熱心な信者だった。

天正十五年の九州平定、同十六年の肥後国人一揆掃討に武功を挙げ、肥後半国二十万石を得る。秀吉はのちの朝鮮出兵を視野に入れて、水軍を統括する行長を、地の利のいい肥後に封じたという。

さっそく行長は宇土城の築城を始めるが、天正十七年、普請に従わなかった天草五人衆とは戦《いくさ》になり、これを隣国の加藤清正と平定する。キリシタンの多い天草衆に対して行長は事態を穏便にすませようとしたが、熱心な日蓮宗信者の清正の強引な出兵がもとで武力征伐となった。このあとも清正とは事あるごとに衝突し、行長は「薬屋の小倅《こせがれ》」と侮られたという。

宇土城は水城として優れた機能を持っていたが、行長はさらに秀吉の意を受けて海外貿易の拠点の八代にも麦島城を築城する。球磨《くま》川と海に面する河口の城で、堀から外水を引き入れる浮城としたので、直接舟が出入り出来る便利な城となった。このほか城下の整備に力を入れたり、高山右近の旧臣たちを多く取り立てたり、利発な行長らしい仕事ぶりを示した。

文禄元年（１５９２）の朝鮮出兵では、第二陣を率いる加藤清正に先がけて、第一陣の将として渡海。

釜山攻略を皮切りに、次々と朝鮮軍を突破、漢城（ソウル）を占領し、さらに北進し平壌も攻略、破竹の進撃を続けた。その間、行長はたびたび朝鮮に停戦を呼びかけるが、ことごとく朝鮮側は拒絶している。

その間、四万の明軍が平壌に攻めて来ると日本軍は退却、ようやく和議となる。しかしその和議は、日本が明の臣下となるという、秀吉が描いたのと全く正反対の内容だったため、慶長二年（１５９７）、ふたたび朝鮮への進攻が始まった。

行長は、武功を立てて講和交渉における不手際を埋め合わせるよう厳命されて渡海する。日本軍と朝鮮・明軍の激戦が始まるが、秀吉の死により、無謀な朝鮮侵攻は終わりとなった。

やがて、石田三成と徳川家康の間で関ケ原の戦いが始まると、行長は西軍の将として参戦するが、小早川秀秋の裏切りによって西軍は惨敗。伊吹山中に逃げた行長は捕縛され、京都市中を引き回しの上、六条河原で、石田三成、安国寺恵瓊とともに斬首された。

ポルトガル王妃から贈られたイコンを掲げて、三度頭上に戴いた後に首を打たれたという。

後藤又兵衛

（1560〜1615）

［ごとう・またべえ］
黒田家に仕えた重臣だが、のち離反。大坂の陣では豊臣軍の将として奮戦。「槍の又兵衛」として知られる。

名は基次《もとつぐ》。又兵衛は通称である。黒田官兵衛、同長政に仕え、多くの軍功を挙げ、江戸時代から昭和の戦前まで、大坂の陣の豊臣方の豪傑として多くの講談や軍記物で描かれた。

ある日、又兵衛が風呂に入っている時、ひそかに部下が全身に刻まれた傷を数えたら五十三ケ所もあったという。

不明な部分が多いが、永禄三年（1560）、播磨の国（兵庫県）姫路近郊で別所氏の家臣後藤新左衛門基国の次男として生まれたという。

別所氏が織田信長に滅ぼされると、又兵衛は父とともに小寺氏を頼るが、父はすぐに病死。幼い又兵衛は小寺氏の家老だった黒田官兵衛の手で、官兵衛の嫡男長政とともに兄弟同然に育てられた。官兵衛の期待に違《たが》わず、又兵衛は屈強な若者に育ち、「槍の又兵衛」と謳われるほど槍術に長けた武者になった。

天正六年（1578）、有岡城主の荒木村重が信長に反旗を翻した時、説得に行った官兵衛が逆に有岡城に幽閉されてしまう。官兵衛も荒木側に寝返ったかと疑われ、黒田家家臣一同、誓紙への署名を求められるが、又兵衛の伯父が拒んだため、又兵衛一族は黒田家から追放される。その後、又兵衛は仙石秀久に仕えたといわれるが、その消息は定かでない。

天正十四年の秀吉の九州征伐の頃から、ようやく又兵衛の名が記録に現われてくる。戸次川の戦いで島津家久に完敗した仙石秀久が逃げ帰ったのち、官兵衛の重臣の栗山利安の口利きで黒田家への帰参が許され、百石で仕えるようになった。

　朝鮮出兵で活躍した後、慶長五年（１６００）の関ケ原の戦いでは、石田三成の家臣で又兵衛と同じく槍の名手といわれた大橋掃部《かもん》と一騎打ちとなり、見事に大橋を倒したことで又兵衛の武名は一気に上がり、戦後、長政が福岡に五十二万石の大封を与えられると、又兵衛も重臣のひとりとして大隈城一万六千石の城持ち大名となった。

　しかし、兄弟同然だった長政との仲違いから官兵衛死去の二年後の慶長十一年、又兵衛は一族を連れて黒田家を出奔。原因は、長政への歯に衣《きぬ》着せぬ諫言や、細川氏など黒田家と対立していた他国と頻繁に交際していた事などが挙げられるが、不明な部分が多い。

　又兵衛は他家への仕官を志すが、そして又兵衛の名声を聞き及んでいる他家も又兵衛を欲しがったが、長政がすべて手をまわしていたため、又兵衛は浪人生活を送らざるを得なかった。

　そして慶長十九年、大坂冬の陣が勃発すると、大野治長の誘いを受けた又兵衛は、勇んで大坂城に入る。歴戦の将として世に聞こえた又兵衛は、長宗我部盛親、毛利勝永、真田幸村、明石全登とともに大坂城五人衆のひとりとして遇された。六千人の遊軍を与えられ、上杉勢、佐竹勢と激しく渡り合って武功を挙げる。

　続く翌二十年の夏の陣の道明寺の戦いでは、徳川方の先鋒隊の水野勝成隊と対決。霧の発生のため味方の薄田《すすきだ》隊、真田隊の到着が遅れたため、二千八百の兵を率いて孤軍奮闘するが、逆に徳川方は伊達の鉄砲隊も到着し、その兵力差は十倍以上となった。敗けを悟った又兵衛は、山を下りて突撃を敢行する。

　そして乱戦の中、又兵衛はついに命尽きた。享年五十六。

加藤清正（1562〜1611）

［かとう・きよまさ］
福島正則らとともに秀吉子飼の大名。朝鮮出兵でも大活躍。肥後熊本城主。築城の名手といわれる。

豊臣秀吉子飼いの家臣で、秀吉亡きあと、遺児秀頼を守って家康との間を取り持った忠臣である。

肥後熊本藩初代藩主だが、いまでも地元では清正公《せいしょうこう》と呼ばれ親しまれている。

永禄五年（1562）、刀鍛《かたなか》冶《じ》の加藤清忠の子として尾張の国愛知郡中村（名古屋市中村区）に生まれた。通称虎之助、主計頭。母も鍛冶屋の娘だった。

秀吉の生母である大政所《おおまんどころ》と母が従姉妹《いとこ》だった縁で、天正元年（1573）、晴れて近江長浜城主となった秀吉に小姓として仕える。

天正十年の本能寺の変のあとの山崎の戦いに参陣、さらに翌年の賤ケ岳の戦いでは敵将山路正国を討ち果たす武功を挙げ、福島正則など「賤ケ岳七本槍」のひとりとして三千石を与えられた。

天正十四年、秀吉の九州平定に従軍。肥後（熊本県）の主《あるじ》の佐々成政が一揆多発の責を取らされて改易されると、代わって清正に肥後半国隈本城十九万五千石が与えられ、のち改修して熊本城とした。

また小牧・長久手の戦い、四国征伐、九州平定に秀吉に従って参陣するが、意外なことに、それはほとんど財務官僚としての従軍だった。

清正といえば、勇猛な荒くれ武将としての印象が強いが、それらの伝承はすべてあとの時代の創作といってよく、朝鮮出兵の際の虎退治も本来は黒田長政とその家臣の逸話が後世、清正の話とすりかえられたのだという。

藤堂高虎や黒田官兵衛と並ぶ築城の名手だったことからもわかるが、清正の頭脳はむしろ理系にちかい軍略家のものだった。

清正の作った熊本城がいかに名城だったかは、二百八十年後の明治十年（１８７７）の西南戦争を見ればわかる。西郷軍一万三千の猛攻を受けながらも四千の城兵で、五十四日も守り切ったのである。

秀吉亡き後の関ケ原の戦いでは、反三成派だった清正は東軍に就き、肥後にあって黒田官兵衛とともに西軍の小西行長の宇土城や立花宗茂の柳川城などを調略、次々と撃破していった。

戦後、その功で小西領の肥後半国を与えられ、肥後一国五十二万石の大名となった。

そして、慶長十六年（１６１１）には京都二条城で念願の家康と豊臣秀頼の会見を実現させ、豊臣家の将来にほっと胸をなでおろしたことだろう。

この会見の時、清正は懐深く短刀を忍ばせ、片時も秀頼の側を離れなかったという。清正はこの二条城の会見からわずか二ケ月後に五十年の生涯を閉じたのである。

熊本に帰る途中の船の中で発病し、回復しないまま熊本城で死去した。家康による毒殺との噂もささやかれた。二条城会見での料理の中に毒が入れてあって、それがゆっくりと効いてきて二ケ月後に死去になったのだという。

あとは三男の忠広が継いだが、寛永九年（１６３２）に加藤家は改易された。

新たに熊本五十四万石の領主になった細川忠利は、清正の霊《れい》牌《はい》をかざして肥後に入り、熊本城には、清正を祀る浄池廟の方向に遥拝《ようはい》してから入城したという。清正を慕う領民の反発を恐れたためだった。

細川忠興
（１５６３～１６４６）

［ほそかわ・ただおき］
明智光秀の盟友細川藤孝の嫡男。夫人は光秀の娘ガラシャ。豊前小倉藩主のち、熊本藩主。

明智光秀の盟友であり、ともに織田信長の重臣として活躍した細川藤孝（幽斉）の嫡男。永禄六年（１５６３）、京都に生まれた。通称は与一郎。当時、父の藤孝は室町幕府十三代将軍足利義輝に仕えていた。

　領地の名を取って長岡氏を名のっていたが、大坂の陣以後は細川氏に復した。父と同様、教養人、茶人としても一家を成し細川三斉と号し利久七哲のひとりに数えられた。

　足利義昭、織田信長、豊臣秀吉、徳川家康と時の有力者に仕えて、三男の忠利の代に転封した熊本細川家は現在まで続き、総理大臣細川護熙《もりひろ》まで輩出している。

　忠興は天正五年（１５７７）、十五歳で紀州征伐に加わり初陣を飾る。翌天正六年に元服、当時仕えていた信長の嫡男信忠から一字もらって忠興と名のった。そして信長の仲介によって明智光秀の三女珠（ガラシャ）を妻とする。

　天正十年、妻の父明智光秀が本能寺の変を起こすと、当然のように光秀から細川父子に味方に誘う使いが来るが、父子ともにこれを拒否、宮津城から動かなかった。

　そのため光秀との内通も疑われず討伐されることもなかった。この時、父が剃髪、隠居したので、忠興は丹後半国を領する宮津城を譲られた。

　その後は羽柴秀吉の配下となり、北丹後の一色満信を滅ぼし、丹後を平定すると、秀吉からあらためて丹後一国を任されることとなった。

そして小牧・長久手の戦いのあとは、天正十五年の九州征伐、十八年の小田原征伐にも従軍する。さらに朝鮮への侵攻、文禄元年（１５９２）の文禄の役では九番隊として渡海するが、目立った活躍は出来なかった。

慶長三年（１５９８）、秀吉が死去すると、石田三成らと対立。家康に誼《よしみ》を通じ、翌年には加藤清正、福島正則、黒田長政らとともに三成襲撃に加わったが、家康にうまくかわされてしまった。そしてその家康の推挙で丹後十二万石に豊後杵築《きつき》六万石を加増され十八万石の大名となった。

関ケ原の戦いでは味方につけば丹後の隣国、但馬《たじま》（兵庫県）十万石を与えるという家康の勧誘を受け東軍に参加する。豊臣恩顧の有力大名だっただけに、忠興のいちはやくの東軍参加は他の豊臣系大名たちの動向に大きな影響を与えた。

しかし大坂城内の細川屋敷にいた妻の珠は、西軍の襲撃を受け、囚《とら》われの身となることを拒んで、部下に我が身を殺させるという悲劇が起きた。クリスチャンであったために自害できなかったからだ。

九月十五日の本戦では石田三成の本隊と闘い、首級三十六も上げる大活躍をした。

戦後、但馬一国の加増は実現されなかったものの、丹後から豊前中津三十三万九千石に転封、加増となった。二年後には小城であった小倉城を大改修して、中津城から移転した。

慶長二十年、三男の忠利に家督を譲って隠居、自らは出家して三斎を名のった。時代は下って寛永九年（１６３２）、忠利は小倉四十万石から熊本五十四万石に加増、転封される。以後熊本細川家は明治維新まで続き、侯爵となった。忠興は正保二年（１６４６）没。当時としては稀にみる長寿だった。

有馬晴信（１５６７～１６１２）

［ありま・はるのぶ］
龍造寺氏を滅亡させ、島原半島を統一したキリシタン大名。少年たちによる遣欧使節団をローマに送った。

　戦国の世にあって、波乱に富んだ生涯を送ったキリシタン大名。急成長した龍造寺隆信の侵略に苦戦するが、沖田畷の戦いで、島津氏の支援で隆信の首を挙げると、次々と隣国の国人たちを切り従え、島原半島の統一を実現。また大友宗麟、大村純忠とともに、日本で初めての少年たちによる遣欧使節団をローマに送り、脚光を浴びるが、晩年はポルトガル船爆破事件を発端とした陰謀の罪を着せられ、甲斐に流罪となり自害させられるという悲運の武将でもある。

　永禄十年（１５６７）、有馬義貞の次男として生まれるが、兄の義純が早世したため、わずか五歳で家督を継いだ。幾度かの改名ののち、祖父の晴純から一字取って晴信と名のる。

　有馬氏にはいくつかの系統があるが、晴信の肥前有馬氏は、時の政権に反旗を翻して天慶《てんぎょう》の乱を起こした伊予の藤原純友の末裔《まつえい》と言われる。

　島原半島に勢力を張り、ポルトガル交易で最盛期を迎えるが、父の代で新興勢力の龍造寺氏のため衰退に向かう。

　しかし天正十二年（１５８４）、北上する薩摩の島津氏と手を結んで龍造寺を滅亡させ、再び島原半島を統一。天正十五年の豊臣秀吉の九州平定の際には、島津氏と縁を切り、秀吉勢に加わった。

　天正八年に洗礼を受けて熱心なキリシタンとなり、天正十年、「天正遣欧少年使節団」を派遣する。伊東マンショ、千々石《ちぢわ》ミエル、中浦ジュアン、原マルティノの四人で、いずれも大名家など高貴な出身の少年たちであった。八年後に帰国するが、彼らの持ち帰ったグーテンベルグ印刷機によって日本の書物の印刷が出来るようになったことは、あまり知られていない。

　朝鮮出兵の文禄の役では、弟の直政に日野江城（島原城）の留守を命じ、自らは二千人の兵を率いて渡海。小西行長、宗義智らとともに第一陣として釜山に攻め込んだ。以降六年間、慶長の役まで滞在して苦労する。

　関ケ原の戦いでは、本戦には参加しなかったが東軍に属し、九州にあって黒田官兵衛、加藤清正とともに小西行長の宇土城を攻撃、その功で島原四万石は安堵された。

　その後は外様ながら徳川臣下の大名となった晴信だったが、慶長十四年（１６０９）、マカオで晴信の貿易船の乗務員がマカオ市民と争いになり、晴信方の四十八人が惨殺されるという事件が起きる。その報復のため、マカオのポルトガル総司令官のアンドレ・ペアソが長崎に入港した際、晴信は多数の軍艦で船を包囲、船長は船員を逃がし船を爆沈させた。

　当初は気骨ある大名として晴信は賞讃されるが、その後、晴信は鍋島直茂の所領となっていた旧領三郡の返還を家康に願い出る。

　この時、晴信が家康の参謀といわれた本多正純の家来の岡本大八に銀六百枚を贈ったという噂が問題となった。やがて双方の対決となるが、喧嘩両成敗となり、大八は江戸で火あぶりの刑に処され、晴信は甲斐で自害させられた。

　しかし嫡男の直純は、家康の曾孫を妻としていたため類が及ばず、やがて日向《ひゅうが》延岡五万三千石に転封となり、その後、越後糸魚川《いといがわ》、越前丸岡と変わりながらも晴信の血筋は明治維新まで続いた。

黒田長政

（１５６８～１６２３）

［くろだ・ながまさ］
黒田官兵衛の嫡男。関ケ原随一の功労者といわれ、戦後52万石の大封を得て、福岡藩の祖となる。

豊臣秀吉の天下取りに貢献し、その知恵袋と言われた黒田官兵衛の嫡男で、筑前福岡藩の初代藩主。永禄十一年（１５６８）、播磨姫路城で生まれた。幼名は松寿丸。通称は吉兵衛。キリシタン大名でもあった。時代の先を読んだ父の官兵衛は、早くから織田信長に仕え、重臣の秀吉に従っていたが、天正五年（１５７７）、松寿丸を人質として秀吉に預けていた。近江長浜城で、松寿丸は秀吉・おね夫妻から我が子のように可愛がられて過ごしたという。その翌年、一度は降伏した有岡城の荒木村重がふたたび反旗を翻した際に、父の官兵衛が村重と懇意だったという事で説得に有岡城に乗り込むが、そのまま拘束されてしまう。

気の短い信長は、官兵衛が荒木方に寝返ったと判断し、松寿丸の殺害を命じる。

官兵衛を信じた同僚の竹中半兵衛は、機転をはたらかせて松寿丸の身柄をひそかに自領に匿い、信長には始末したと虚偽の報告をした。有岡城落城とともに官兵衛は救出され、松寿丸も無事、姫路城に戻された。

天正十年、本能寺の変で信長が急死すると、次の天下を秀吉に取らせるため、知略の限りを尽くす父官兵衛とともに長政も活躍を始める。賤ケ岳の戦い、小牧・長久手の戦い、そして天正十五年の九州平定でも数々の武功を挙げた。

平定後、父子の功を賞して、

秀吉から豊前中津に十二万五千石が官兵衛に与えられる。

豊前の国人勢力を懐柔するのは大変だったが、有力領主の宇都宮鎮房勢力の殲滅《せんめつ》に成功したあと、天正十七年、父の隠居とともに長政は家督を相続する。

文禄元年（１５９２）の文禄の役でも、長政は五千の兵を率いて、小西行長の一番隊、加藤清正の二番隊に続き、三番隊を率いて渡海。長政は負傷するも大いに奮戦し、朝鮮軍を次々と撃破した。

やがて和平交渉となるが、双方の外交担当者による欺瞞《ぎまん》が発覚して再び出兵開始、慶長の役となる。長政は再度五千の軍役を課せられ、加藤清正らと黄石山城の戦い、蔚山《うるさん》城の戦いで奮闘するが、やがて秀吉の死で停戦となる。

このように朝鮮では数々の武功を挙げた長政だったが、帰国すると、石田三成、小西行長らとの対立が始まった。

石田三成らの文治派と朝鮮で死を賭して戦った加藤清正、福島正則、そして長政らの武断派の対立が激化。これをうまく煽《あお》った徳川家康の思惑《おもわく》通り、天下は関ケ原へと流れていく。

まず家康が会津上杉討伐の兵を起こすと、長政は家康に従って出陣。同時に大坂で三成が挙兵したため、急遽、家康に従った諸侯も関ケ原へと向かう。

関ケ原本戦での長政の活躍は目覚ましく、切りこみ隊を率いて西軍に突撃を敢行、三成の家老で猛将として名高い島左近を討ち取った。さらに小早川秀秋や吉川広家などの寝返りの交渉も長政が引き受けたといわれ、戦後、関ケ原一番の功労者として、家康から筑前名島に五十二万三千石という大封を賜った。

名島城が手狭だったため、長政は那珂川を挟んだ隣接地に福岡城の建築に取り掛かる。そして七年後に完成すると、産業の振興に務め、今に続く博多人形、博多織などの伝統工芸を育て上げた。

立花宗茂（１５６７〜１６４２）

［たちばな・むねしげ］
関ケ原の敗戦で失った領地に再び戻った稀有な大名。筑後柳川藩主。武勇も九州一といわれた。

一度、改易になって再び大名になった武将は何人かいるが、同じ領地の大名になった例は立花宗茂ひとりしかいない。

筑後（福岡県）柳川藩主だったが、関ケ原の戦いで西軍に加担したため改易され、大名から一介《いっかい》の浪人となる。秀吉から「その忠義も武勇も九州随一」と讃《たた》えられただけあって各大名から誘いの手はあったが固辞、浪人に徹した。その後、家康に近侍し、大坂の陣で活躍、その功で再び柳川藩主に復帰したという猛将である。

永禄十年（１５６７）、大友氏の重臣吉弘鎮理（のちの高橋紹運）の長男として生まれた。幼名は千熊丸、のちに弥七郎と改名。父の鎮理が前の年に高橋鑑種を討伐し、その名跡を継いだため、宗茂も高橋氏の後継として育てられ、元服後は高橋統虎《むねとら》と名のった。天正九年（１５８１）、宗茂の器量を見込んだやはり大友氏の重臣の戸次《べっき》鑑連（立花道雪）からぜひ養子にと執拗に誘われ、道雪の一人娘の誾《ぎん》千代《ちよ》と結婚、宗茂が家督を継いで名も戸次統虎となり、のち道雪が立花を継いだので宗茂も立花姓を名のる。

天正十二年、立花・高橋軍は龍造寺・島津勢を撃破して、大友氏の旧領筑後を奪回するが、翌十三年、義父の道雪が死去すると、大友軍の士気は急速に衰えていった。

そして天正十四年、島津忠長が五万の兵を率いて筑前に侵攻、実父の高橋紹運は岩屋城に籠って徹底抗戦するが、討ち死にする。この時、宗茂も立花山城を守って奮戦し、島津本隊への奇襲で数百人の首を取るという働きをした。

その後の秀吉の九州平定には先鋒として活躍し、その功で筑後柳川十三万二千石を与えられ、大友氏から独立した大名となった。二度の朝鮮出兵でも宗茂の活躍はすさまじく、加藤清正から「日本軍第一の勇将」と絶賛される。

慶長五年（１６００）の関ケ原の戦いでは、直前に家康から法外な恩賞を約束され、東軍に加勢するように誘われるが、「秀吉公の恩義を忘れるくらいなら、命を絶つ」とまで言って拒絶。家中での反対も押し切って西軍に参戦する。しかし京極高次の大津城を攻めている間に、関ケ原本戦で、西軍は小早川秀秋の裏切りで総崩れとなり、敗退。宗茂は大坂城に引き返し、総大将毛利輝元に城に籠っての徹底抗戦を主張するが受け入れられず、柳川に引き揚げる。

退《しりぞ》くときに実父紹運の仇《かたき》である島津義弘と同行、ほとんど兵を失って帰国を急ぐ島津に対して、今こそ仇を討つ好機という家臣たちを押さえ、「敗軍を討つは武士の誉《ほまれ》にあらず」と退け、むしろ島津隊を護衛した。

柳川に帰り着いた宗茂は、鍋島直茂、黒田官兵衛らに説得され降伏開城。領地は没収、宗茂は浪人となった。

慶長九年、本多忠勝の推挙で家康に召し出され、五千石を与えられる。まもなく徳川秀忠の御伽衆《おとぎしゅう》に列せられ陸奥《むつ》棚倉一万石を得て大名に復帰した。大坂夏の陣では秀忠の麾下として参謀を兼ねて出陣、秀忠軍の進退を見事に采配する。そして元和六年（１６２０）、旧領の柳川十万九千二百石を与えられ復帰を果たした。

寛永十九年（１６４２）、江戸藩邸で死去。七十六歳という当時では稀にみる長寿だった。

小早川秀秋

（１５８２～１６０２）

［こばやかわ・ひであき］
秀吉の一族で、小早川景隆の養子。関ケ原で西軍を裏切って東軍に就き、それが東軍勝利のきっかけとなった。

小早川秀秋といえば、すぐ思い浮かぶのが「関ケ原の裏切り者」である。秀吉の一族ながら、なぜ戦場のドタン場で家康側に就いたのか、いまだに諸説がある。まだ十九歳で世間のことは何も知らない大名だったから、責めるのは酷かも知れない。

天正十年（１５８２）、秀吉の正室北政所《きたのまんどころ》の兄の木下家定の五男として近江長浜に生まれる。幼名は辰之助。通称は金吾中納言。天正十三年、三歳で義理の叔父である秀吉の養子となり、北政所に育てられた。元服して木下秀俊、のち羽柴秀俊と名のる。秀吉の後継者候補として七歳で元服、丹波亀山城十万石を与えられた。豊臣傘下の諸大名から関白豊臣秀次に次ぐ豊臣の後継者と見られていたことから、取り入ろうとする大名からの接待攻勢も多く、元服と同時に七歳から毎晩酒を飲み続けたという笑えない話もある。

しかし秀吉に実子秀頼が生まれたことにより後継から外《はず》されると、秀俊に寄ってくる大名は激減するが、秀俊の身体は酒がやめられなくなっていて、毎晩の酒盛りは続いていたという。十二歳にしてアルコール中毒症になっていたのである。そこで秀吉は後継のいない小早川隆景に因果を含めて養子にもらってもらう。そして秀俊は小早川秀俊となり所領の筑前名島三十万七千石を継ぐこととなった。

慶長二年（１５９７）、朝鮮在陣中に養父小早川隆景が死去、家督をついで秀秋と改名。

しかし朝鮮に総大将として出陣した秀秋だったが、加藤清正など並みいる猛将からみれば軽率な行動が多く、さらに秀吉からの再三の帰国命令も聞かなかったという。そして帰国した秀秋に越前北ノ庄十五万石への減封、転封命令が下された。

慶長三年、秀吉が死去すると、秀吉の遺命を理由に秀秋は、家康から筑前、筑後に復領、しかも五十九万石という大領を与えられる。このあたりから、すでに家康の秀秋を取り込む工作が始まったのである。

慶長五年の関ケ原の前哨戦というべき伏見城の戦いから秀秋は西軍として参陣。そのあとはひとり戦線を離れ、鷹狩りなどして遊んだあと、突如として本戦の前日の九月十四日、一万五千の大軍を率いて現われ、関ケ原の松尾山に陣取った。

関ケ原本戦が始まったのは午前八時頃だった。午前中は西軍有利のうちに戦況が進んで行くが、秀秋軍は全く動かず、ただ傍観するだけだった。苛立った家康が秀秋の陣へ鉄砲を撃ちかけると、恐怖にかられた秀秋は全軍を率いて松尾山を下り、同じ西軍の大谷吉継の陣へ攻めかかった。大谷軍はよく戦ったが、秀秋の離反を見た脇坂安治ら西軍の将も相継いで離反、東軍の勝利となった。

戦後、もはや用なしと考えられた秀秋は、筑前名島から旧宇喜多秀家の岡山五十五万石へ転封となる。岡山城に入った秀秋は側近勢力の拡充を図るが、長年の重臣だった稲葉正成が出奔、さらに有力な家臣たちが次々と離反して行った。

関ケ原の二年後の慶長七年、秀秋はわずか二十一歳で急死。アルコール依存症による内臓疾患が原因とされる。

また秀秋の裏切りによって討ち死にした大谷吉継の祟《たた》りとも噂されたという。死後、小早川家は後継がいないという理由で改易となった。

戦国時代　おもな出来事

〈和暦〉	〈西暦〉	〈出来事〉
応仁元	1467	応仁の乱勃発。足利義政・細川勝元と足利義視・山名宗全が対立。
文明三	1471	朝倉孝景、主家斯波氏に代わって越前守護となる。
文明五	1473	足利義尚、征夷大将軍に。
文明十八	1486	太田道灌、上杉定正に謀殺される。
明応四	1495	北条早雲、小田原城を攻略。
明応六	1497	毛利元就、吉田郡山城で生まれる。大内軍に敗れ、小弐正資自刃。
永正十三	1516	北条早雲、相模を統一。
大永元	1521	武田信玄、石水寺城で生まれる。足利義晴、征夷大将軍となる。
享禄三	1530	上杉謙信、春日山城で生まれる。
天文三	1534	織田信長生まれる。
天文六	1537	豊臣秀吉生まれる。
天文十	1541	武田信玄、父信虎を駿河に追放。
天文十一	1542	武田信玄、諏訪頼重を自刃させ、領地を奪う。徳川家康生まれる。
天文十二	1543	鉄砲、種子島に伝来。
天文十七	1548	武田信玄、上田原の戦いで村上義清に敗れる。織田信長、斉藤道三の娘濃姫と結婚。
天文十八	1549	フランシスコ・ザビエル鹿児島に上陸。

天文二十	１５５１	陶晴賢、大内義隆を滅ぼす。
天文二十二	１５３３	織田信長、斉藤道三と正徳寺で会見。
弘治元	１５５５	厳島の戦いで、毛利元就、陶晴賢に勝利、中国の支配者となる。
弘治二	１５５６	長良川の戦いで斉藤道三、嫡男義龍に破れ自刃。
弘治三	１５５７	毛利元就、毛利輝元・吉川元春・小早川隆景の三子に「三本の矢」の訓状を書き送る。
永禄二	１５５９	龍造寺隆信、少弐冬尚を攻め、自刃させる。織田信長、上洛して足利義輝に謁見。大友宗麟、九州探題に任命される。
永禄三	１５６０	織田信長、桶狭間の戦いで今川軍を撃破、今川義元戦死。松平（徳川）家康、岡崎城に帰還。
永禄四	１５６１	第四次川中島の戦いで武田信繁、山本勘助戦死。
永禄七	１５６４	里見義弘、国府台の戦いで北条氏康に敗れる。松平家康と三河一向一揆和睦。三好長慶死亡。
永禄八	１５６５	松永久秀と三好三人衆、足利義輝を殺害。足利義昭、大和一乗院より脱出。
永禄九	１５６６	尼子義久、毛利元就に降伏。
永禄十	１５６７	伊達政宗生まれる。浅井長政、信長の妹お市と結婚。
永禄十一	１５６８	織田信長、足利義昭を奉じて上洛。足利義昭、征夷大将軍となる。
元亀元	１５７０	四月、織田信長、越前攻めに出陣するが、浅井長政の挟撃を受け、京へ撤退。六月、姉川の戦いで織田・徳川軍、浅井・朝倉連合軍を破る。毛利元就死去。

元亀二	１５７１	織田信長、比叡山を焼き討ち。
元亀三	１５７２	三方ヶ原の戦いで、武田信玄、徳川家康を破る。
天正元	１５７３	武田信玄死去。朝倉義景、織田信長に攻められ自害、朝倉氏滅亡。小谷城落城、浅井長政自刃。
天正三	１５７５	長篠の戦いで、織田信長・徳川家康軍に武田勝頼敗れる。長宗我部元親、四国を統一。
天正四	１５７６	織田信長、完成した安土城に移る。
天正五	１５７７	織田信長、安土に楽市令を出す。松永久秀謀反するが、織田信忠に攻められ自害。
天正六	１５７８	荒木村重、信長に謀反。耳川の戦いで島津義久、大友宗麟を破る。上杉謙信死去。
天正七	１５７９	御館の乱で上杉景勝、景虎を破り家督を継ぐ。徳川信康、二俣城にて自刃。
天正八	１５８０	三木城落城、別所長治自害。
天正九	１５８１	織田信長、京都で馬揃え。
天正十	１５８２	天正遣欧使節、長崎を出発。武田勝頼、天目山で自害、武田氏滅亡。六月二日、本能寺の変で織田信長、明智光秀に討ちとられる。備中高松城落城、清水宗治自害。羽柴秀吉、中国大返しで帰京、山崎の戦いで明智光秀を破る。坂本城落城、明智一族滅亡。清洲会議で織田家後継は三法師と決まる。
天正十一	１５８３	賤ヶ岳の戦いで、羽柴秀吉、柴田勝家を破る。北ノ庄城落城、勝家自害。秀吉、大坂城築城を開始。
天正十二	１５８４	龍造寺隆信、島津軍に破れ、戦死。大友宗麟、秀吉に大坂城で謁見、島津征伐を請う。小牧・長久手の戦いで、徳川家康軍、秀吉軍を破る。

天正十三	１５８５	羽柴秀吉、関白に叙せられ、豊臣姓を賜る。長宗我部元親、秀吉に降伏。伊達政宗、人取橋の戦いで、芦名・佐竹・二本松連合軍を破る。
天正十四	１５８６	岩屋城の戦いで、高橋紹運以下城兵全員玉砕。
天正十五	１５８７	豊臣秀吉による九州征伐で島津義久降伏。
天正十八	１５９０	豊臣秀吉の小田原征伐により北条氏滅亡。徳川家康、江戸に入府。秀吉、会津黒川城にて奥州仕置を行い、天下統一なる。
天正十九	１５９１	豊臣秀吉、関白職を秀次に譲る。
文禄元	１５９２	文禄の役。秀吉諸将に朝鮮出兵を命ずる。
文禄二	１５９３	豊臣秀頼生まれる。豊臣秀次、高野山で自害させられる。
慶長二	１５９７	慶長の役。加藤清正、小西行長、朝鮮へ渡海。
慶長三	１５９８	八月、豊臣秀吉死去。諸将、朝鮮から撤兵。
慶長五	１６００	五月、徳川家康、諸大名に上杉征伐令を出す。七月、小山評定。九月十五日、関ケ原の戦い。十月、敗れた石田三成ら、京六条河原で処刑。
慶長八	１６０３	徳川家康、征夷大将軍に任じられ、江戸に幕府を開く。
慶長十九	１６１４	大坂冬の陣。
元和元	１６１５	大坂夏の陣。豊臣秀頼、母淀殿自害。大坂城落城、豊臣家滅亡。幕府は「元和偃武」を宣言。
元和二	１６１６	徳川家康死去。

【旧国名一覧】

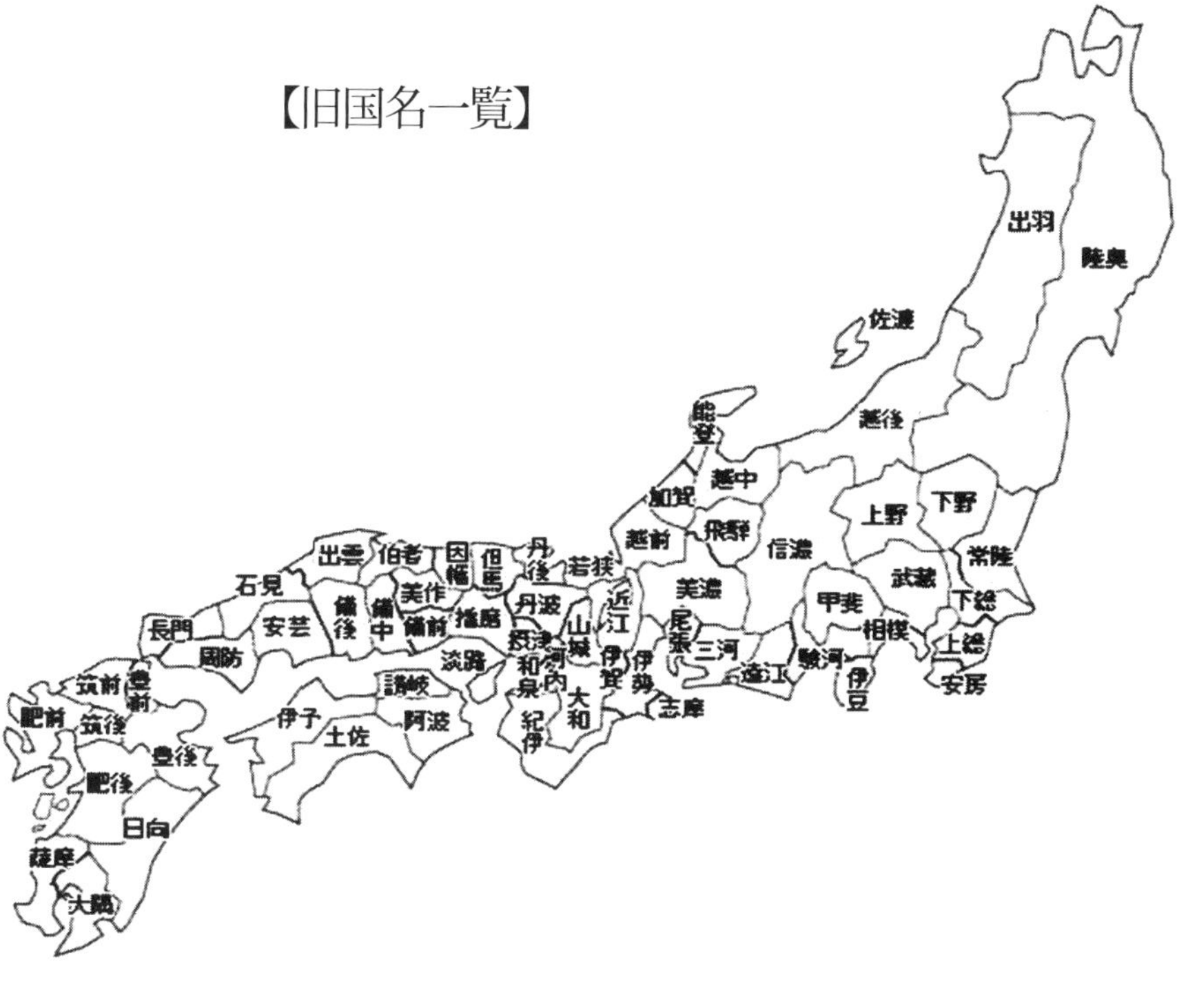
出羽
陸奥
佐渡
越後
能登
越中
加賀
下野
上野
越前
飛騨
信濃
常陸
丹後
若狭
因幡
但馬
伯耆
出雲
石見
美作
丹波
近江
美濃
武蔵
甲斐
下総
備後
備中
備前
播磨
山城
長門
安芸
尾張
相模
上総
周防
摂津
淡路
伊賀
伊勢
三河
遠江
駿河
河内
和泉
筑前
豊前
讃岐
大和
伊豆
安房
志摩
肥前
筑後
伊予
阿波
紀伊
土佐
豊後
肥後
日向
薩摩
大隅

【参考文献】

「戦国武将名言録」 楠戸義昭著　PHP 文庫
「戦国軍師人名事典」 川口素生著　学研 M 文庫
「明智光秀 残虐と謀略」 橋場日月著　祥伝社新書
「家系図で読みとく戦国名将物語」 竹内正浩著　講談社
「戦国武将・群雄ビジュアル百科」 二木謙一監修　ポプラ社
「現代語訳 信長公記」 太田牛一著・中川太古訳　KADOKAWA
「本能寺の変 431 年目の真実」 明智憲三郎著　河出文庫
「読むだけですっきりわかる戦国史」 後藤武士著　宝島 SUGOI 文庫
「戦国武将の生き方死にざま」 小和田哲男著　新人物文庫
「一夢庵風流記」 隆慶一郎著　新潮文庫
「織田信長に学ぶ」 童門冬二著　新人物文庫
「風林火山」 井上靖著　新潮文庫
「箱根の坂」 司馬遼太郎著　講談社文庫
「天下取り採点・戦国武将 205 人」 新人物往来社編　新人物往来社
「戦国武将がよくわかる本・義将名将編」 レッカ社編著　PHP 研究所
「国盗り物語」 司馬遼太郎著　新潮文庫
「関ケ原」 司馬遼太郎著　新潮文庫
「義士 石田三成」 桑田忠親著　エルム
「信長をめぐる七人の武将」 桑田忠親著　エルム
「北条早雲とその一族」 黒田基樹著　新人物往来社
「日本の歴史 12 天下統一」 林屋辰三郎著　中公文庫
「日本の歴史 10 下剋上の時代」 永原慶二著　中公文庫
「日本の歴史 11 戦国大名」 杉山博著　中公文庫
「歴史道 VOL. 1」 朝日新聞出版
「官兵衛の夢」 新井恵美子　北辰堂出版
＊ほか、Web サイトからも多く参考にさせていただきました。

新田 純（にった じゅん）
昭和 11 年新潟県生まれ。昭和 35 年早稲田大学政治経済学部卒。双葉社入社。週刊誌記者などを経て、昭和 38 年、エルム設立。ウルトラマン、仮面ライダーなどテレビマンガの絵本、図鑑などを数多く出版、今日のアニメ全盛の先駆けとなる。その後、出版プロデューサーとして旅や歴史、音楽の話題作を企画出版。著書に「童謡画集・日本の四季」（たなかあきらと共著・北辰堂出版）、「幕末維新人物 100 列伝」（展望社）など。

戦国武将100列伝

令和 2 年 3 月 16 日発行
著者 / 新田 純
発行者 / 唐澤明義
発行 / 株式会社展望社
〒 112-0002 東京都文京区小石川 3 - 1 - 7 エコービル II 202
TEL:03-3814-1997 FAX:03-3814-3063
http://tembo-books.jp/
印刷製本 / モリモト印刷株式会社

ISBN 978-4-88546-373-0　定価はカバーに表記

私の『曽我物語』

新井恵美子

ISBN 978-4-88546-342-6

歌舞伎などで有名な三大仇討ちのひとつ曽我兄弟の仇討ち！母・満江御前の眼からみた美しくも悲しい物語。

四六版上製　定価：1400円＋税

展望社